오늘
나무 한 그루를
심는 까닭은

이현우 편저

창작시대사

Talmud
200

오늘
나무 한 그루를 심는 까닭은

이현우 편저

창작시대사

지혜의 바다에 띄우는 돛단배 하나

탈무드는 '위대한 연구'라는 뜻이다. 탈무드는 나라 없는 유대 민족으로 하여금 5천 년 동안 지탱할 수 있게 해온 생활 규범이다. 이처럼 소중한 '탈무드의 문'을 여는 것은 이 책을 읽는 당신 자신의 마음이다. 그리고 '탈무드의 마음'을 붙잡는 것은 당신의 두뇌와 꾸준한 노력이다.

탈무드는 모두 20권에 1만 2천 페이지나 되며 단어 수로는 250만 개 이상, 무게가 75킬로그램이나 되는 방대한 책이다.

탈무드가 무엇이며, 어떻게 만들어졌고, 어떤 책인가를 설명하는 것은 지극히 어려운 일이다. 간략하게 말하면 탈무드의 본질에서 벗어나고, 자세히 설명하려면 끝이 없기 때문이다.

엄격하게 말하면 탈무드는 책이 아니다. 문학이다. 1만 2천 페이지에 달하는 탈무드는 B.C.500년부터 A.D.500년에 이르는 1천 년 동안 구전되어 오던 것을 2천 명의 학자들이 10년 동안 피땀을 쏟

아 편찬한 것이다. 동시에 탈무드는 유대 민족 5천 년의 지혜요, 모든 지식의 저수지라고 할 수 있다.

법전은 아니지만 법률을 말하고, 역사책은 아니지만 역사를 말하며, 인명사전은 아니지만 많은 인물에 대하여 말하고, 백과사전은 아니지만 백과사전 같은 구실을 한다.

인생의 의의는 무엇인가? 인간의 존엄성은 무엇인가? 행복이란 무엇이고, 사랑이란 무엇인가? 5천 년 유구한 세월에 걸친 유대인들의 지적 재산과 정신적 영양소가 이 탈무드에 담겨 있다. 탈무드야말로 진정한 의미의 탁월한 문헌이요, 장엄하고 화려한 문화의 모자이크다. 그러기에 서양 문명을 낳은 문화 양식과 사고방식을 이해하려면 탈무드를 통하지 않고서는 불가능하다.

탈무드는 글로 정착되기 전까지 구전으로 전승되었다. 그래서 대부분이 문답 형식으로 되어 있다. 그 내용은 한없이 넓으며, 모두 히브리어와 아랍어로 전해져 왔다. 그리고 구두점 같은 문장 부호는 일절 쓰지 않고, 서문도 후기도 없이 순전히 내용만을 기록했다.

유대인들은 이 방대한 탈무드를 기록할 당시 여러 가지 귀중한 부분들이 상실되는 것을 막기 위해 탈무드 전승자들을 여러 곳에서 모았다. 그때 머리가 지나치게 좋은 사람은 제외했는데, 그것은 그들이 자기의 의견을 넣음으로써 탈무드의 전승이 왜곡되는 걸

우려했기 때문이다. 이런 과정을 거쳐 탈무드는 수백 년 동안 여러 도시에서 편찬되었고, 오늘날 남아 있는 것은 바빌로니아의 탈무드와 팔레스타인의 탈무드가 있다. 그중에서도 바빌로니아의 탈무드가 더 중요시되고, 권위 있는 것으로 인정받고 있다. 그래서 탈무드라면 일반적으로 바빌로니아의 탈무드를 가리킨다.

탈무드는 읽기 위한 것이 아니라 배우기 위한 것이다. 또한 탈무드는 유대인의 얼이다. 2천 년이라는 기나긴 세월을 흩어져서 살아야 했던 유대 민족에게는 오직 이 탈무드만이 그들을 연결시켜준 원동력이었다. 그들 모두가 이 탈무드에서 정신적 영양분을 섭취하고, 탈무드에서 생활의 규범을 찾고 있다.

유대인들은 탈무드를 '바다'라고 부른다. 그것은 탈무드가 한없이 광대하여 모든 것이 그 속에 있지만, 무엇이 있는지 확실히 알 수 없기 때문이다.

하지만 탈무드가 아무리 심오하고 위대하다 할지라도, 우리와 똑같은 인간이 만들어낸 것이다. 때문에 우리가 그것을 우리 것으로 만들지 못할 까닭이 없다.

이 책의 한 페이지를 펼쳐보는 것만으로도 당신은 틀림없이 위대한 인간들이 5천 년에 걸쳐 축적해 온 지혜의 목소리를 들을 수 있을 것이다.

/차례/

Talmud #1 지혜

Talmud #2 **보물**

Talmud #3 격언

Talmud #4 **희망**

Talmud #5 **해학**

나는 스승에게서 많은 것을 배웠고
친구에게서 많은 것을 배웠고
심지어 제자들에게서도 많이 배웠다.

Talmud # 1

지혜

*
**

탈무드의 문을 여는 것은 당신 자신의
마음이다.
그리고 탈무드의 마음을 붙잡는 것은
당신의 두뇌와 꾸준한
노력이다.

정답 없는 질문

탈무드를 공부하고 싶어 하는 한 젊은이에게 랍비가 다음과 같은 질문을 했습니다.

"두 아이가 집의 굴뚝을 청소했네. 그런데 한 아이는 얼굴이 새까 맣게 되어 굴뚝에서 내려왔는데, 다른 한 아이는 그을음 하나 묻지 않은 깨끗한 얼굴로 내려왔네. 어느 아이가 얼굴을 씻을 거라고 생각하는가?"

젊은이가 대답했습니다.

"물론 얼굴이 더러운 아이가 씻겠죠."

그러자 랍비는 쌀쌀하게 말했습니다.

"자네는 아직 탈무드를 펼칠 자격이 없네."

"그러면 정답이 무엇입니까?"

"두 아이가 굴뚝 청소를 했는데, 한 아이는 깨끗한 얼굴로, 또 한 아이는 더러운 얼굴로 내려왔네. 얼굴이 더러운 아이는 얼굴이 깨 끗한 아이를 보고, 자기 얼굴도 깨끗할 거라고 생각하겠지. 그리고 얼굴이 깨끗한 아이는 얼굴이 더러운 아이를 보고 자기 얼굴도 더러울 거라고 생각할 걸세."

"아, 알았습니다!"

젊은이는 이렇게 외친 다음 다시 한번 질문해달라고 했습니다.

랍비는 똑같은 질문을 했습니다.

"두 아이가 굴뚝 청소를 했는데, 한 아이는 깨끗한 얼굴로, 또 한 아이는 더러운 얼굴로 내려왔네. 자네는 어떤 아이가 얼굴을 씻을 거라고 생각하나?"

젊은이는 자신만만하게 대답했습니다.

"그야 물론 얼굴이 깨끗한 아이가 씻겠죠."

그러자 랍비는 기다렸다는 듯이 말했습니다.

"그러기에 자네는 아직 탈무드를 공부할 자격이 없다는 걸세."

젊은이는 몹시 낙심했습니다.

"그러면 도대체 정답은 무엇입니까?"

"이것은 성립될 수 없는 문제일세. 왜냐하면 두 아이가 함께 굴뚝 청소를 했는데 한 아이는 더러운 얼굴로, 또 한 아이는 깨끗한 얼굴로 내려올 수는 없을 테니까."

❋

씨 뿌리는 방법을 배우지 않으면
가을에 거둬들일 것이 없다.

총명한 지혜와 못생긴 그릇

총명하지만 얼굴이 추하게 생긴 랍비가 로마 황제의 공주를 만났습니다.

공주는 그를 보고 대뜸 이렇게 말했습니다.

"그렇게 총명한 지혜가 이렇게 못생긴 그릇에 들어 있다니요."

그러자 랍비가 말했습니다.

"공주님, 이 왕궁 안에 술이 있습니까?"

공주가 고개를 끄덕였습니다.

"그 술은 어떤 그릇에 들어 있나요?"

랍비가 다시 묻자 공주가 대답했습니다.

"보통 항아리나 질그릇에 들어 있죠."

랍비는 놀랐다는 듯이 이렇게 말했습니다.

"로마의 공주쯤 되시는 훌륭한 분이, 금이나 은으로 만든 그릇도 많을 텐데 왜 그런 보잘것없는 그릇을 쓰시나요?"

그 말을 들은 공주는 '금그릇'이나 은그릇에 들어 있던 물을 보잘것없는 항아리에 옮겨 담고, 싸구려 그릇에 들어 있던 술을 전부 금그릇과 은그릇에 옮겨 담았습니다.

그러자 술맛이 변해서 먹을 수 없게 되었습니다.

며칠 후, 황제가 화를 내며 소리쳤습니다.

"누가 이런 그릇에다 술을 담았느냐!"

"죄송해요. 그렇게 하는 게 나을 것 같아서 제가 옮겨 담았습니다."

그런 다음 공주는 곧장 랍비에게 가서 화를 냈습니다.

"왜 나한테 그런 일을 시킨 거죠?"

랍비는 이렇게 대답했습니다.

"저는 단지 공주님께, 아주 귀한 것도 때로는 싸구려 그릇에 넣어 두는 게 나을 수도 있다는 사실을 가르쳐드리고 싶었을 뿐입니다."

🌀

독 안에 금화를 한 닢 넣으면
소리가 요란스럽지만,
금화가 가득 차 있으면 소리가 나지 않는다.

모든 것을 주는 사람

어느 임금에게 딸이 하나 있었습니다. 그런데 그만 그 외동딸이 중병에 걸려 죽게 되었습니다.

의사는 묘약을 먹이지 않는 한 살 수 없다고 말했습니다.

임금은 공주의 병을 고쳐주는 사람을 사위로 삼고, 왕위까지 물려 주겠다는 포고를 내렸습니다.

왕궁에서 멀리 떨어진 시골에 세 형제가 살고 있었습니다.

어느 날 맏형이 천 리 밖까지 볼 수 있는 망원경으로 그 포고문을 보고, 셋이서 힘을 합쳐 공주의 병을 고쳐주자고 말했습니다.

둘째는 어디든 갈 수 있는 마술 양탄자를, 막내는 어떤 병이든 낫 게 할 수 있는 마술 사과를 가지고 있었습니다.

세 사람은 양탄자를 타고 왕궁에 도착했습니다.

막내의 사과를 먹이자 공주의 병은 씻은 듯이 나았습니다.

사람들은 뛸 듯이 기뻐했습니다.

임금은 연회를 열고 공주의 남편 될 사람을 고르기로 했습니다.

맏형이 말했습니다.

"제가 망원경으로 포고문을 보지 않았다면, 우리는 왕궁에서 무슨 일이 일어났는지 몰랐을 것입니다."

둘째가 말했습니다.

"제 양탄자가 아니었다면, 이렇게 먼 곳까지 올 수가 없었을 것입니다."

막내가 말했습니다.

"제 사과가 아니었다면, 공주님의 병은 낫지 못했을 것입니다."

임금은 한참 생각한 뒤 막내에게 공주를 주기로 했습니다.

맏형에겐 망원경이, 둘째에겐 양탄자가 그대로 남아 있었지만, 막내에겐 아무것도 남아 있지 않기 때문입니다.

막내는 공주를 위해 모든 것을 주어버렸던 것입니다.

※

누군가에게

자기의 모든 것을 바칠 수 있는 사람이야말로

가장 고귀하다.

세 자매의 결점

옛날에 딸 셋을 둔 사나이가 있었습니다.

딸들은 모두 미인이었는데, 각각 결점을 한 가지씩 가지고 있었습니다.

하나는 게으름뱅이이고, 하나는 훔치는 버릇이 심하고, 또 하나는 남의 험담하기를 좋아했습니다.

아들 삼형제를 둔 어떤 부자가, 세 딸을 자기네 집으로 시집보내지 않겠느냐고 청했습니다.

세 딸의 아버지가 자기 딸들에게 이러이러한 결점이 있다고 말하자, 부자는 자기가 책임을 지고 주의시키겠다고 약속했습니다.

그리하여 세 자매는 삼형제에게 시집을 가게 되었습니다.

시아버지는 게으름뱅이 맏며느리에게는 많은 하녀를 딸려주고, 도둑질하는 버릇이 있는 둘째 며느리에게는 큰 창고의 열쇠를 내어주며 갖고 싶은 것은 무엇이든 가지라고 했습니다.

그리고 험담하기 좋아하는 셋째 며느리에게는 아침마다 일찍 일어나 "오늘은 남을 헐뜯을 말이 없느냐?"고 물었습니다.

어느 날, 세 딸의 아버지가 딸들의 결혼 생활이 궁금해서 부자의 집을 찾아갔습니다.

"그래, 요즘은 다들 어떠냐?"

큰딸은 마음대로 게으름을 피울 수 있어 즐겁다고 말했습니다.

둘째 딸은 갖고 싶은 것을 마음대로 가질 수 있어 행복하다고 말했습니다.

셋째 딸은 시아버지가 자기한테 남녀 관계를 캐묻기 때문에 괴롭다고 말했습니다.

그러나 아버지는 셋째 딸의 말만은 믿지 않았습니다.

셋째 딸은 시아버지를 헐뜯고 있었기 때문입니다.

어머니한테서 양파 냄새가 나고
아버지한테서 마늘 냄새가 나면
딸한테서는 결코 장미 냄새가 날 수 없다.

어떤 유서

지방에 사는 현명한 유대인이 아들을 예루살렘에 있는 학교로 보냈습니다.

그런데 아들이 예루살렘에서 공부하고 있는 동안 아버지는 중병에 걸리고 말았습니다.

그는 아무래도 아들을 만나보지 못하고 죽을 것 같아 유서를 썼습니다.

자기의 전 재산을 한 노예에게 물려주되, 아들이 바라는 것 한 가지만은 아들이 가져도 좋다는 내용이었습니다.

이윽고 주인이 죽자 노예는 자신의 행운을 기뻐하며 예루살렘으로 달려갔습니다.

그리고 주인의 아들에게 아버지의 부음을 전하면서 유서를 내보였습니다.

아들은 몹시 놀라고 슬퍼했습니다.

아버지의 장례를 치른 다음, 아들은 어떻게 해야 좋을지를 생각했습니다. 그는 랍비를 찾아가 전후의 사정을 설명하고 불평을 털어놓았습니다.

"아버지는 왜 저에게 재산을 조금도 물려주시지 않았을까요? 저는 한 번도 아버지의 명을 어긴 일이 없는데 말입니다."

랍비는 이렇게 말했습니다.

"천만에. 자네 아버지는 몹시 현명한 분이셨네. 그리고 자네를 진심으로 사랑하셨네. 이 유서를 보면 그것을 잘 알 수 있지."

그러나 아들은 원망스럽게 말했습니다.

"노예에게 재산을 다 물려주고 자식에게는 아무것도 남겨주지 않았는데도 말입니까? 애정이라고는 조금도 없고, 저로서는 어처구니없는 일로밖에 생각되지 않습니다."

랍비는 조용히 말했습니다.

"자네도 아버지만큼 현명하게 생각해야 하네. 자네 아버지가 진정으로 무엇을 바라고 계셨는지를 생각해본다면, 자네에게 훌륭한 유산을 남겨주셨다는 사실을 알 수 있을 걸세."

하지만 아들은 랍비의 말을 이해할 수 없었습니다.

랍비는 그 아들에게 다음과 같이 말했습니다.

"자네 아버지가 임종할 무렵 자넨 집에 없었네. 때문에 노예가 재산을 갖고 도망하거나 재산을 마구 써버리거나, 심지어는 아버지가 죽었다는 사실마저 자네에게 전하지 않을지도 모른다고 생각했네. 그래서 재산 전부를 노예에게 준다고 한 것일세. 재산을 전부 준다고 하면, 노예는 기뻐서 급히 자네에게 달려가 그 사실을 알려주겠지."

"그게 저한테 무슨 소용이란 말입니까?"

"젊은 사람이라 역시 지혜가 모자라는군. 노예의 재산은 모두 주인 것이라는 사실을 자네는 모르나? 자네 아버지는 자네가 원하는 것 한 가지만은 자네가 가져도 좋다고 분명히 유언하셨네. 그러니까 자네는 그 노예를 선택하면 되는 것일세. 이 얼마나 현명하고 애정 넘치는 유언인가."

그제야 젊은이는 아버지의 뜻을 깨달았습니다.

낙원에서 바보와 살 바엔
지옥에서 슬기로운 자와 사는 게 낫다.

혀에 관한 진실

랍비가 어느 날 하인에게 시장에 가서 맛있는 것을 사 오라고 했습니다. 그랬더니 하인은 혀를 사 왔습니다.

며칠 후, 랍비는 다시 그 하인에게 오늘은 좀 더 싼 것을 사 오라고 했습니다. 그랬더니 하인은 이번에도 또 혀를 사 왔습니다.

랍비는 그 이유를 묻지 않을 수 없었습니다.

"맛있는 것을 사 오라고 해도 혀요, 싼 것을 사 오라고 해도 혀이니, 어찌 된 일인가?"

하인은 이렇게 대답했습니다.

"혀란, 아주 좋으면 그보다 더 좋은 것이 없고, 나쁘면 그보다 더 나쁜 것이 없기 때문입니다."

🌀

마음의 문은 귀이며,

마음의 창은 입이다.

가난뱅이의 세 가지 희망

1. 이웃 사람처럼 부자가 되는 것.
2. 이웃 사람이 가난뱅이가 되는 것.
3. 둘 다 굶어 죽는 것.

가난뱅이는 구제하기 힘들다.
가난이 심하면
마음마저 병들기 때문이다.

알렉산더 대왕의 정의

알렉산더 대왕이 이스라엘을 왔을 때 한 유대인이 물었습니다.

"대왕께서는 저희가 갖고 있는 금은보화가 탐나시나요?"

그러자 알렉산더 대왕은 이렇게 말했습니다.

"나에겐 금은보화가 많기 때문에 그런 건 조금도 탐나지 않는다. 다만 너희 유대인들의 전통과 정의를 알고 싶을 뿐이다."

그때 두 사나이가 어떤 일을 상의하기 위해 랍비를 찾아갔습니다. 한 사나이가 다른 남자에게 헌 옷가지를 샀는데, 옷 속에서 많은 금화가 나왔던 것입니다. 그래서 그는 헌 옷가지를 판 사나이에게 이렇게 말했습니다.

"나는 헌 옷가지를 산 것이지 금화까지 산 것은 아니오. 그러니 이 돈은 마땅히 당신 것이오."

그러자 헌 옷가지를 판 사나이가 말했습니다.

"무슨 말씀이오. 나는 당신에게 옷가지 전체를 판 것이니, 그 속에 있는 것은 모두가 당신 것이오."

이 말을 들은 랍비는 이런 판결을 내렸습니다.

"당신들에게는 각각 딸하고 아들이 있소. 그러니 그들을 결혼시킨 다음, 그 돈을 그들에게 주는 것이 현명할 것이오."

며칠 후, 랍비가 알렉산더 대왕에게 물었습니다.

"폐하, 대왕의 나라에서는 이런 경우에 어떻게 판결을 내립니까?"

그러자 알렉산더 대왕은 이렇게 대답했습니다.

"두 사나이를 죽이고 내가 돈을 갖는다. 이것이 나의 정의이다."

인생이란

현인에게는 꿈이요,

어리석은 자에게는 게임이요,

부자에게는 희극이요,

가난한 자에게는 비극이다.

포도밭의 여우

여우 한 마리가 포도밭 주위를 돌며 그 안으로 들어가려 했으나 울타리를 도무지 뚫고 들어갈 수가 없었습니다. 골똘히 끝에 여우는 사흘 동안 굶어 몸을 홀쭉하게 한 뒤에야 가까스로 울타리 틈으로 들어갈 수 있었습니다. 포도밭에 들어간 여우는 맛있는 포도를 마음껏 따 먹었습니다. 그런데 막상 포도밭에서 나오려 하니, 몸이 통통해져서 빠져나올 수가 없었습니다. 다시 사흘 동안 굶어 몸을 홀쭉하게 한 다음에야 간신히 빠져나온 여우는 이렇게 한탄했습니다.

"배가 고프기는 들어갈 때나 나올 때나 마찬가지로군."

인생도 이와 마찬가지입니다. 사람은 누구나 알몸으로 태어났다가 알몸으로 돌아가게 마련입니다.

❀

사람은 죽으면 가족과 부귀와 선행을 이 세상에 남긴다.
그중 선행 이외의 것은 그리 대단한 것이 못 된다.

노인이 나무를 심는 까닭은

한 노인이 뜰에서 묘목을 심고 있었습니다.

지나가던 나그네가 그것을 보고 노인에게 물었습니다.

"노인께서는 그 나무에 언제쯤 열매가 열릴 거라 생각하십니까?"

"70년쯤 지나면 열리겠지."

"노인께서 그때까지 사실 수 있을까요?"

나그네의 물음에 노인은 이렇게 대답했습니다.

"그때까지야 살 수 없겠지. 하지만 상관없다네. 내가 태어났을 때, 우리 과수원엔 과일이 많이 열렸지. 그것은 내가 태어나기 훨씬 전에 나의 아버지께서 나를 위해 나무를 심어주셨기 때문이지. 나도 그와 똑같은 일을 하고 있는 것일세."

인간은 언제나 죽는 순간까지
자신에게 아직 시간이 있다고 생각한다.

복수와 증오의 차이

한 사나이가 말했습니다.

"낫을 좀 빌려주게."

그러자 상대방은 이렇게 거절했습니다.

"그건 안 돼!"

얼마 후, 이번엔 앞서 거절했던 사나이가 이런 부탁을 했습니다.

"자네 말을 좀 빌려주게."

그러자 상대방은 이렇게 말했습니다.

"자네가 낫을 빌려주지 않았으니, 나도 말을 빌려줄 수가 없네."

이것은 복수입니다.

한 사나이가 말했습니다.

"낫을 좀 빌려주게."

그러자 상대방은 이렇게 거절했습니다.

"그건 안 돼!"

얼마가 지나, 이번에는 앞서 거절했던 사나이가 이런 부탁을 했습니다.

"자네 말을 좀 빌려주게."

그러자 상대방은 말을 빌려주면서 이렇게 말했습니다.

"자네는 낫을 빌려주지 않았지만, 나는 자네에게 말을 빌려주겠네."

이것은 증오입니다.

❦

다리 하나가 부러졌거든

두 다리가 부러지지 않은 것을 감사하라.

만일 두 다리가 부러졌거든

목이 부러지지 않은 것을 감사하라.

만일 목이 부러졌거든

더이상 걱정할 것이 없을 것이다.

선과 악

홍수가 지구를 뒤덮었을 때, 온갖 동물들이 노아의 방주로 몰려갔습니다.

'선'도 숨을 헐떡이며 달려갔습니다.

그런데 노아는 '선'을 배에 오르지 못하게 했습니다.

"나는 짝이 있는 것만을 태워준다네."

'선'은 다시 숲으로 돌아가 자기의 짝이 될 상대를 찾아 헤맸습니다.

그리하여 할 수 없이 '악'을 데리고 배로 돌아왔습니다.

그때부터 '선'이 있는 곳에는 항상 '악'이 있게 되었습니다.

거짓말쟁이는 벙어리와 다름없다.

두 사람 모두 진실을 말할 수 없기 때문이다.

초대받지 않은 사나이

어떤 랍비가 말했습니다.

"내일 아침에 여섯 사람이 모여서 이 문제를 해결하기로 합시다."

그런데 다음 날 아침이 되자, 일곱 사람이 모였습니다. 부르지도 않은 한 사나이가 끼어 있었던 것입니다.

랍비는 그 사나이가 누구인지 가려낼 수 없어서 이렇게 말했습니다.

"여기에 있을 필요가 없는 사람이 있으니, 당장 돌아가시오."

그러자 너무도 현명하여 누가 생각해도 틀림없이 그 자리에 있어야 할 사람이 슬그머니 나가버렸습니다.

왜 그랬을까요? 부름을 받지 않았는데 잘못 알고 나온 사람에게 굴욕감을 주고 싶지 않았던 것입니다.

🌀

어리석은 자는 소의 뿔을 잡고,

지혜로운 자는 소의 젖을 짠다.

나그네와 콜레라

한 마을에 콜레라가 만연했습니다.

한밤중, 여관에 묵고 있는 한 나그네의 방을 노크하는 사람이 있었습니다.

문을 열어보니 두 남자가 환자 운반용 들것을 들고 서 있었습니다.

"봄베르크 씨지요? 여관 주인이 불러서 왔는데, 아무래도 선생은 콜레라에 감염된 것 같습니다. 오늘 하루 열두 번이나 화장실에 가셨다더군요."

"그건 사실이오. 하지만 열한 번은 다른 사람이 이미 들어가 있었지요."

✿

열 번 앓아눕는 편이
한 번 죽는 것보다는 낫다.

머리와 꼬리

뱀의 꼬리는 언제나 머리가 가는 대로 따라다니기만 했습니다.

어느 날, 꼬리가 불만을 터뜨렸습니다.

"왜 나는 언제나 네 꽁무니만 졸졸 따라다녀야 하고, 넌 마음대로 나를 끌고 다니는 거지? 이건 너무 불공평해! 나도 엄연히 뱀의 한 부분인데, 항상 노예처럼 끌려다니기만 해야 한다는 건 말이 안 되잖아?"

그러자 머리가 대답했습니다.

"바보 같은 소리! 눈도 없고, 귀도 없고, 두뇌도 없으면서 어떻게 다른 부분을 끌고 다닐 거야? 나는 결코 나 자신을 위해서 이렇게 하는 게 아니야. 너를 생각해서 끌고 다니는 거라고."

꼬리가 큰 소리로 웃으며 말했습니다.

"그런 말은 싫도록 들어왔어. 독재자나 폭군은 모두 자기를 따르는 자들을 위해 일한다는 걸 구실 삼아 제멋대로 행동하지."

머리는 하는 수 없이 이렇게 말했습니다.

"정 그렇다면, 네가 한번 맡아서 해보렴."

꼬리는 몹시 기뻐하며 앞으로 나서서 움직이기 시작했습니다.

그러나 얼마 못 가서 뱀은 도랑으로 떨어지고 말았습니다.

머리가 여러 가지로 애를 쓴 끝에 뱀은 겨우 도랑에서 기어 올라올 수 있었습니다.

얼마 뒤, 꼬리는 가시투성이 덤불 속으로 들어가고 말았습니다.

꼬리가 가시덤불을 빠져나오려고 애를 쓰면 쓸수록 뱀은 가시에 찔리기만 했습니다.

상처투성이가 된 뱀은 이번에도 머리의 도움으로 겨우 가시덤불에서 빠져나올 수 있었습니다.

꼬리가 다시 앞장서 나가다가 이번에는 불 속으로 들어가고 말았습니다.

몸이 점점 뜨거워지더니 갑자기 앞이 캄캄해졌습니다.

뱀은 두려움에 떨었습니다.

다급해진 머리가 필사적으로 구출하려 했지만 이미 늦었습니다.

꼬리는 불타고, 머리도 함께 죽고 말았습니다.

머리는 결국 맹목적인 꼬리 때문에 헛된 죽임을 당한 것입니다.

🌀

지도자를 고를 때는

꼬리와 같은 자를 선택해서는 안 된다.

약속의 증표

아름다운 소녀가 가족들과 여행을 하고 있었습니다. 소녀는 잠깐 혼자서 산책을 하는 사이 길을 잃고 헤매다가 우물가에 이르렀습니다. 소녀는 목이 몹시 말라 두레박을 타고 내려가 물을 마셨는데, 그만 우물 속에서 올라올 수가 없었습니다.

소녀는 큰 소리로 울었습니다.

마침 그곳을 지나가던 한 젊은이가 달려와 소녀를 구해주었습니다.

두 사람은 곧 사랑을 맹세하는 사이가 되었습니다.

며칠 후, 젊은이는 다시 길을 떠나야 했습니다.

그들은 사랑을 굳게 약속하고, 결혼하는 날까지 언제까지고 기다리자고 맹세했습니다.

젊은이는 자신들의 약속을 증언해줄 사람이 있었으면 좋겠다고 생각했습니다.

그때 마침 족제비 한 마리가 나타났다가 건너편 숲을 향해 달려갔습니다.

"됐어요. 저 족제비와 우리 옆에 있는 이 우물이 증표예요."

그리고 두 사람은 헤어졌습니다.

세월이 흘렀습니다.

소녀는 약속을 굳게 지키며 그를 기다렸지만, 젊은이는 먼 타관에서 결혼하여 아이까지 낳고 행복하게 살고 있었습니다.

그러던 어느 날, 그 아이가 밖에서 놀다 풀밭에서 잠이 들었는데, 족제비가 나타나 그 아이의 목을 물어 죽였습니다.

부모들은 몹시 슬퍼했습니다.

몇 해 후, 다시 아이가 태어났고, 그들은 행복한 나날을 보냈습니다. 그 아이가 꽤 자라 걸어 다닐 수 있게 되었을 때, 우물가에서 놀다 그만 우물에 빠져 죽고 말았습니다.

젊은이는 그제야 옛날 그 소녀와의 약속이 생각났습니다. 그리고 족제비와 우물이 약속의 증표라는 걸 깨달았습니다.

그는 아내와 헤어져 그 소녀가 있는 마을로 돌아왔습니다. 그리고 그때까지 결혼하지 않고 그를 기다리던 소녀와 결혼하여 행복하게 살았습니다.

선과 악을 구별한다고 하여 현명한 사람이라고는 할 수 없다.
두 개의 악 중에서 작은 악을 골라낼 수 있는 자가
현명한 사람이다.

지혜로운 유언

예루살렘에 사는 사람이 여행 도중 병이 들었습니다.

그는 살아날 가망이 없다 생각하고 여관 주인을 불러 이렇게 말했습니다.

"나는 이제 곧 죽을 것이오. 내가 죽었다는 소식을 듣고 예루살렘에서 내 자식이 찾아오거든 내 소지품을 그에게 내주시오. 단, 그가 세 가지 현명한 행위를 하기 전에는 절대로 내 소지품을 주어서는 안 됩니다. 나는 여행을 떠나기 전 내 자식에게 만일 내가 여행 도중에 죽는다면, 내 유산을 상속받기 위해서는 세 가지 현명한 행위를 하지 않으면 안 된다고 말해 두었습니다."

나그네가 죽자 마을 사람들에게 그의 죽음이 발표되고, 유대 의식에 따라 매장되었습니다.

그리고 예루살렘에 있는 아들에게 이 소식을 알리기 위해 심부름꾼이 파견되었습니다.

아들은 이 소식을 전해 듣고, 부랴부랴 아버지가 사망한 마을을 찾아갔습니다.

하지만 그는 아버지가 죽은 여관을 모르고 있었습니다.

아버지가 자신이 죽은 여관을 아들에게 알려주지 말라고 유언했기 때문입니다.

아들은 자신의 지혜로 그 여관을 찾아내야 했습니다.

마침 나무장수가 땔나무를 많이 지고 나타났습니다.

아들은 나무장수를 불러 세워 땔나무를 산 다음, 그 나무를 예루살렘에서 온 나그네가 죽은 여관으로 배달해 달라 말하고, 그 나무장수의 뒤를 따라갔습니다.

여관 주인이 자기는 나무를 산 일이 없다고 말하자 나무장수는 이렇게 말했습니다.

"아닙니다. 지금 내 뒤를 따라오는 사람이 이 나무를 사서 이리로 가져가라고 했습니다."

이것이 그의 첫 번째 현명한 행위였습니다.

여관 주인은 그 아들을 맞아들인 다음, 저녁 식사를 차려 냈습니다. 비둘기 다섯 마리와 닭 한 마리가 요리로 나왔습니다.

식탁에는 주인 내외를 비롯해 그들의 두 아들과 두 딸, 그리고 젊은이까지 모두 일곱 사람이 자리를 잡았습니다.

주인이 말했습니다.

"자, 이제 음식을 모두에게 분배해 주십시오."

젊은이가 말했습니다.

"아닙니다. 주인께서 나누어주시는 게 좋을 것 같습니다."

그러자 주인은 이렇게 말했습니다.

"아닙니다. 당신은 손님입니다. 당신 좋을 대로 나누어주십시오."

젊은이는 음식을 나누어주기 시작했습니다.

우선 비둘기 한 마리를 두 아들에게 주고, 또 한 마리는 두 딸, 그리고 또 한 마리는 주인 내외에게 준 다음, 나머지 두 마리를 자기 몫으로 놓았습니다.

이것이 그의 두 번째 현명한 행위였습니다.

주인은 몹시 못마땅한 표정을 지었지만, 아무 말도 하지 않았습니다.

젊은이는 다시 닭 요리를 나누기 시작했습니다.

우선 머리를 떼어 주인 부부에게 주고, 다리를 떼어 두 아들에게 주고, 두 날개를 떼어 두 딸에게 준 다음, 나머지 큰 몸통을 자기 몫으로 놓았습니다.

이것이 그의 세 번째 명한 행위였습니다.

주인은 화가 나서 소리쳤습니다.

"당신네 고장에서는 이렇게 하오? 당신이 비둘기를 나누어줄 때는 참고 있었지만, 닭을 나누는 것을 보니 더이상 참을 수가 없소, 도대체 이게 무슨 뜻이오?"

그러자 젊은이는 이렇게 말했습니다.

"처음부터 나는 이 일을 맡고 싶지 않았습니다. 그러나 주인께서 간곡히 부탁하시기에 최선을 다해 나누었을 뿐입니다. 그와 같이 나눈 이유를 말씀드리지요. 주인과 부인과 비둘기 한 마리를 합쳐 셋이고, 두 아드님과 비둘기 한 마리를 합쳐 셋이고, 두 따님과 비둘기 한 마리를 합쳐 셋이고, 비둘기 두 마리와 나를 합쳐 셋이니, 이보다 더 공평하게 나눌 수는 없을 것입니다. 또 주인 내외분은 이 집안의 어른이시기 때문에 닭의 머리를 드렸고, 두 아드님은 이 집안의 기둥이기 때문에 다리를 주었고, 두 따님은 머지않아 시집을 갈 것이기 때문에 날개를 준 것입니다. 그리고 나는 배를 타고 여기에 왔고, 또 배를 타고 돌아가야 하기 때문에 배처럼 생긴 몸통을 차지한 것입니다. 빨리 제 아버님의 유산을 내주십시오."

✺

인간은
자기가 가지고 있는 것은 소홀히 하면서도
가지고 있지 않은 것을
갖고 싶어 한다.

가장 소중한 재산

큰 부자들만 타고 있는 어떤 배에 가난한 랍비가 한 사람 끼어 있었습니다.

부자들이 서로 자신들의 재산을 비교하며 자랑하자 랍비는 이렇게 말했습니다.

"나는 내가 제일 부자라고 생각하는데, 지금은 그 재산을 당신들에게 보여줄 수가 없어 유감이군요."

얼마 후 해적들이 나타나 그 배를 습격했습니다.

부자들은 금은보석과 모든 재산을 해적들에게 빼앗기고 말았습니다.

해적들이 물러간 다음 배는 가까스로 항구에 닿았습니다.

랍비는 그곳에서 학생들을 모아놓고 가르치기 시작했고, 이내 그곳 사람들에게 인정을 받게 되었습니다.

얼마 뒤, 랍비는 함께 배를 타고 여행했던 부자들을 다시 만났습니다.

그런데 그 부자였던 사람들은 모두가 비참한 가난뱅이로 전락해 있었습니다.

사람들에게 존경받는 랍비를 보고 그들은 한결같이 이렇게 말했습니다.

"당신의 말이 옳았습니다. 지식이 많은 사람은 모든 걸 가지고 있는 것과 마찬가지입니다."

이처럼 지식은 누구에게도 빼앗기지 않는 아주 소중한 재산인 것입니다.

인간의 가장 친한 벗은 지성이며,
최대의 적은 욕망이다.

벼락부자가 된 가난뱅이

갑자기 벼락부자가 된 가난뱅이가 있었습니다.
랍비 힐렌이 그에게 말 한 필과 마부를 주었습니다.

어느 날 그 벼락부자는 마부가 앓아눕자 자신의 말을 끌고 3마일
이나 걸어갔습니다.

🌀

게으른 자에게
두뇌는 소경의 횃불과 같다.
그에게 두뇌는
무의미한 짐에 불과하다.

천국과 지옥

첫째 아들이 살찐 닭을 잡아와서 요리해 드리자 아버지가 물었습니다.

"이런 닭을 어디서 났느냐?"

아들은 이렇게 대답했습니다.

"그런 걱정은 하지 마시고 어서 많이 드시기나 하세요."

아버지는 할 말이 없어 잠자코 있었습니다.

하루는 둘째 아들이 방앗간에서 밀가루를 빻고 있는데, 왕이 전국의 방아쟁이들을 소집한다는 포고령을 내렸습니다.

둘째 아들은 아버지를 자기 대신 방앗간에서 일하게 하고 왕궁으로 달려갔습니다.

이 두 아들 중에서 누가 천국으로 가고 누가 지옥에 떨어졌을까요?

둘째 아들은 왕이 강제로 소집한 노동자들을 혹사시킨다는 걸 알고 있었습니다.

그래서 아버지 대신 자기가 왕궁으로 갔던 것입니다.

반면에 첫째 아들은 아버지가 묻는 말에 제대로 대답을 하지 않았습니다.

결국 첫째 아들은 지옥으로 떨어졌고, 둘째 아들은 천국으로 갔습니다.

부모에게는 정성이 담긴 대접이 아니라면 차라리 일을 시키는 편이 낫습니다.

체중은 잴 수 있지만,
지성은 잴 수가 없다.
체중에는 한계가 있지만,
지성에는 한계가 없기 때문이다.

술의 기원

이 세상에 최초로 난 인간이 포도나무를 심고 있을 때 악마가 찾아와 무얼 하고 있느냐고 물었습니다.

인간이 대답했습니다.

"멋진 식물을 심고 있지."

"이건 처음 보는 식물인데…."

머리를 갸우뚱하는 악마에게 인간은 이렇게 말했습니다.

"아주 달고 맛있는 열매가 열리는 나무지. 그리고 그 즙을 마시면 아주 행복해진다네."

그러자 악마는 자기도 그 일을 하게 해달라고 인간에게 부탁했습니다.

그러곤 양과 사자와 원숭이와 돼지를 끌고 와서는 그것들을 죽여 그 피를 거름으로 부었습니다.

포도주는 이렇게 해서 이 세상에 처음으로 생겨날 수 있었던 것입니다.

처음 술을 마시기 시작할 때는 양처럼 온순하고, 조금 더 마시면 사자처럼 사나워지고, 조금 더 마시면 원숭이처럼 춤추고 노래 부르며, 더 많이 마시면 돼지처럼 토하고 뒹굴며 추해지는 것입니다.

이는 술이 악마가 인간에게 준 선물이기 때문입니다.

너무 달면 좋지 않다.
그렇다고 적당히 달면 사람들에게 먹혀버린다.
너무나 엄격하면 좋지 않다.
그렇지만 엄격하지 않으면
다른 사람이 얼굴에 침을 뱉는다.

세 친구 이야기

왕이 어떤 남자에게 사람을 보내 즉시 자기에게 오라고 명령했습니다.

그 남자에겐 세 친구가 있었는데, 그중 첫 번째 친구를 가장 소중하게 여겼습니다.

두 번째 친구 역시 사랑했지만, 첫 번째 친구처럼 소중하게 생각하지는 않았습니다.

그리고 세 번째 친구는 그냥 친한 사이라고만 생각할 뿐 별로 관심을 갖지는 않았습니다.

왕의 명령을 받자 그 남자는 혹시 뭔가를 잘못해 벌을 받지는 않을까 두려웠습니다.

혼자서 왕에게 갈 용기가 나지 않은 남자는 세 친구에게 함께 가자고 부탁했습니다.

첫 번째 친구는 딱 잘라서 싫다고 거절했습니다.

두 번째 친구는 궁궐 문까지는 함께 갈 수 있지만, 그 이상은 갈 수 없다고 했습니다.

그런데 세 번째 친구가 이렇게 말하는 것이었습니다.

"그래, 함께 가주지. 자넨 나쁜 짓을 하지 않았으니까 조금도 두려워할 것 없네. 내가 함께 가서 임금님께 그렇게 말씀드려 주겠네."

❀

첫 번째 친구는 바로 재산이다.

아무리 돈이 소중하더라도 죽을 때는

고스란히 남겨두고 가야만 한다.

두 번째 친구는 바로 친척이다.

무덤까지는 따라가겠지만 곧 돌아설 것이다.

세 번째 친구는 바로 선행이다.

착한 행실은 평소엔 별로 눈에 띄지 못하지만

죽은 뒤에도 영원히 그와 함께 있다.

신이 절대 용서하지 않는 네 가지 죄

1. 같은 일에 대하여 몇 번이고 후회하는 것.

2. 같은 죄를 되풀이하는 것.

3. 다시 한번 되풀이하기 위하여 죄는 범하는 것.

4. 신의 이름을 모독하는 것.

물고기가 낚이는 것은

낚시꾼이나 낚싯대 때문이 아니라

미끼 때문이다.

진정한 효도

고대 이스라엘의 두마라는 곳에 한 남자가 살고 있었는데, 그에겐 금화 6천 개의 가치에 해당하는 큰 다이아몬드가 있었습니다.

어느 날 랍비가 사원의 장식품으로 쓰기 위해 금화 6천 개를 가지고 그 집으로 다이아몬드를 사러 갔습니다. 그런데 공교롭게 남자의 아버지가 그 다이아몬드를 넣어둔 금고의 열쇠를 베개 밑에 넣은 채 낮잠을 자고 있었습니다. 남자가 랍비에게 말했습니다.

"주무시는 아버지를 깨울 수는 없습니다. 다이아몬드는 팔지 못하겠습니다."

큰 돈벌이가 있는데도 잠자는 아버지를 깨우지 않는 것이 진정한 효도입니다.

❧

한 아버지는 열 자식이라도 기를 수 있지만,
열 자식은 한 아버지도 제대로 보살펴 드릴 수가 없다.

Talmud 025

시간의 길이

포도원에서 일하는 많은 일꾼 중 한 일꾼은 뛰어난 능력이 있었는데, 어느 날 주인이 그 일꾼과 산책을 했습니다. 일과가 끝나자 일꾼들은 임금을 받으러 주인에게 갔습니다. 그런데 능력이 뛰어난그 일꾼이 자신들과 똑같은 임금을 받자 그들은 화가 났습니다.
"저 사람은 두 시간밖에 일하지 않고, 주인님과 함께 산책만 했는데도 우리와 똑같은 임금을 받는 것은 공평하지 못합니다."
그러자 주인은 이렇게 말했습니다.
"너희가 하루 한 일보다 더 많은 일을 이 사람은 두 시간에 해냈다."
요컨대, 사람은 몇 해 동안을 살았느냐가 중요한 게 아니라 업적을 얼마나 올렸느냐가 중요한 것입니다.

🌀

행복에서 불행까지는 한 걸음밖에 떨어져 있지 않지만,
불행에서 행복까지는 너무나 멀고 길다.

남자에게 일어나는 일곱 번의 변화

한 살은 임금님 : 모든 사람이 모여 임금님을 받들 듯 달래주기도 하고 기분을 맞춰준다.

두 살은 돼지 : 진탕 속을 마구 뛰어다닌다.

열 살은 새끼 양 : 웃고 떠들어대며 뛰어다닌다.

열여덟 살은 말 : 다 자라서 힘을 뽐내고 싶어한다.

결혼하면 당나귀 : 가정이라는 무거운 짐을 지고 끙끙거리며 걸어가야 한다.

중년은 개 : 가족을 부양하기 위해 사람들에게 호의를 구걸한다.

노년은 원숭이 : 어린애 같아지지만 아무도 관심을 기울이지 않는다.

🌀

노인은 자기가 다시 젊어질 수 없다는 것을 알고 있지만,
젊은이는 자기가 나이를 먹는다는 사실을 잊고 있다.

닭 한 마리를 처형할 때도

닭 한 마리가 어린아이를 죽였다는 이유로 재판에 회부되었습니다.

태어난 지 얼마 안 된 어린아이가 누워 있는 요람에 뛰어들어 머리통을 쫀 것입니다.

그 사건의 전후를 밝히기 위해 증인이 출두했고, 가엾게도 닭은 유죄 판결을 받고 처형되었습니다.

아무리 살인자라 할지라도 유죄가 확정되지 않는 한 경솔히 처형해서는 안 된다는 것을 일깨워주는 이야기입니다.

🌀

사람을 싫어하는 것은 가려운 곳을 긁는 것과 같다.

가려운 곳을 긁으면 더욱 가려워지듯

싫은 사람은 생각할수록 더욱 싫어진다.

나무들의 두려움

쇠가 처음 만들어졌을 때, 이 세상 모든 나무들이 두려움에 떨었습니다.

그러자 하나님께서 나무들에게 이렇게 말씀하셨습니다.

"근심할 것 없다. 너희들이 자루를 제공해주지 않는 한, 쇠는 결코 너희들을 해칠 수 없느니라."

지혜로운 자는
자기 눈으로 본 것을 이야기하고,
어리석은 자는
자기 귀로 들은 것을 이야기한다.

어릿광대의 선물

랍비가 시장을 찾아가 말했습니다.

"이 시장 안에는 영원한 생명을 약속하기에 합당한 사람이 있소."

그러나 그 시장엔 그럴 만한 사람이 없는 것 같았습니다.

그때 두 남자가 랍비 쪽으로 다가왔습니다. 랍비가 말했습니다.

"이 두 사람이야말로 많은 선행을 한 사람들이오. 영원한 생명을 받기에 족할 것이오."

사람들이 두 남자에게 물었습니다.

"당신들은 도대체 무슨 장사를 하고 있소?"

"우리는 어릿광대라오. 쓸쓸한 사람에게는 웃음을 선사하고, 다투는 사람에게는 평화를 가져다주는 광대라오."

🌀

불행을 슬퍼하는 것은
불행한 신세가 된 다음에 해도 늦지 않다.

거미와 모기와 미치광이

다윗 왕은 평소 거미는 장소를 가리지 않고 거미줄을 치는 더러운 동물이며 아무 쓸모가 없는 벌레라고 생각했습니다.

하루는 다윗 왕이 전쟁터에서 적군에 포위되어 빠져나갈 길을 잃고 말았습니다.

가까스로 어떤 동굴로 피신했는데, 다윗 왕이 그 동굴 속으로 들어가자마자 마침 거미 한 마리가 그 입구에 거미줄을 치기 시작했습니다.

그를 추격해온 적군의 병사가 동굴 앞까지 이르렀습니다.

하지만 입구에 거미줄이 쳐 있는 것을 보곤 동굴 안에 사람이 없으리라 생각하고 그냥 돌아갔습니다.

또 한 번은 다윗 왕이 적장이 잠자고 있는 침실로 몰래 들어가 그의 칼을 훔쳐 오기로 했습니다.

자신이 그 장군의 생명의 은임임을 자처하여 그를 감화시키려고 했던 것입니다.

그 작전을 실행할 기회를 좀처럼 잡지 못하던 어느 날 밤, 다윗 왕은 간신히 적장의 침실로 잠입했습니다.

그러나 칼이 장군의 발밑에 있어 도저히 꺼낼 수가 없었습니다.

다윗 왕은 단념하고 돌아가려고 했습니다.

그런데 바로 그때, 모기 한 마리가 날아와 장군의 발에 앉았습니다.

장군은 무의식중에 발을 움직였고, 다윗 왕은 그 순간을 이용해 칼을 빼냈습니다.

또 한 번은 다윗 왕이 적군에 포위되어 위험에 처했을 때, 갑자기 미치광이 흉내를 내는 기지를 발휘해 위험에서 벗어날 수 있었습니다.

이 세상에 쓸모없는 것은 없다.

아무리 하잘것없는 것이라도

소홀히 해서는 안 된다.

향기로운 독버섯

배 한 척이 항해하고 있을 때, 파도가 높게 일더니 심한 폭풍우가 몰아쳐 그만 항로를 잃고 말았습니다.

아침이 되자 바다는 다시 조용해지고, 가까운 곳에 아름다운 섬이 보였습니다.

배는 포구에 닻을 내리고, 승객들은 잠시 동안 쉬어가기로 했습니다.

그 섬에는 아름다운 꽃이 만발하고, 맛있는 과일이 주렁주렁 달린 나무가 많았으며, 온갖 새들이 예쁜 소리를 내며 지저귀고 있었습니다.

승객들은 다섯 그룹으로 나뉘었습니다.

첫 번째 그룹은 섬에 올라가 있는 동안 순풍이 불어 자기들을 놓아둔 채 배가 떠나버릴지도 모른다고 생각해 아예 상륙조차 하지 않고 배에 남았습니다.

두 번째 그룹은 서둘러 섬으로 올라가 향기로운 꽃향기를 맡고,

나무 그늘 밑에서 맛있는 과일을 먹었습니다.

그리고 기력을 회복하자 곧 배로 돌아왔습니다.

세 번째 그룹은 오랫동안 섬에 머물렀습니다.

그러다 순풍이 불어오자 배가 떠나는 줄 알고 허겁지겁 돌아왔습니다.

그 바람에 소지품을 분실하고 자기들이 앉았던 배 안의 좋은 자리도 남들에게 빼앗기고 말았습니다.

네 번째 그룹은 순풍이 불어 선원들이 닻을 걷어 올리는 것을 보고도 돛을 달려면 아직 여유가 있다고 생각했습니다.

무엇보다 선장이 자기들을 섬에 남겨두고 떠나지는 않을 거라고 생각했습니다.

그런데 배는 그들을 기다리지 않고 포구를 떠나려 했습니다.

그들은 허둥지둥 헤엄을 쳐서 가까스로 배에 올랐습니다.

그 바람에 바위와 뱃전에 몸을 부딪쳐 상처를 입고, 항해가 끝날 때까지 그 상처 때문에 고통을 받았습니다.

다섯 번째 그룹은 맛있는 과일을 너무 많이 먹고 아름다운 경치에 도취해서 출항을 알리는 고동 소리조차 듣지 못했습니다.

그래서 숲속의 맹수들에게 잡아먹히고 독이 있는 열매를 먹기도 하여, 마침내는 모두 죽고 말았습니다.

여기서 배는 선행을 가리키고 섬은 쾌락을 상징합니다.

첫 번째 그룹은 인생에서 쾌락을 전혀 맛보려 하지 않는 사람들입니다.

두 번째 그룹은 쾌락을 맛보긴 하되 배를 타고 목적지까지 가야 한다는 의무를 잊어버리지 않는 현명한 사람들입니다.

세 번째 그룹은 쾌락에 빠지지 않고 돌아오기는 했지만, 그 때문에 목적지에 도착할 때까지 많은 것을 잃어버리게 된 사람들입니다.

네 번째 그룹은 결국 돌아오기는 했지만, 너무 늦어 목적지에 도착할 때까지 상처가 아물지 않아서 큰 고통을 겪는 사람들입니다.

인간은 다섯 번째 그룹에 속하는 경우가 대부분입니다.

일생을 허영 속에 살거나 앞날의 일을 잊어버리고 삽니다.

이는 향기롭다고 하여 독버섯을 마구마구 먹어대는 것과 다름없습니다.

악행은 처음엔 달고 뒤엔 쓰며,

선행은 처음엔 쓰고 뒤엔 달다.

참다운 이득

랍비 몇 사람이 악인들과 마주쳤습니다. 그 악인들은 사람의 뼈까지 먹어 치울 만한 인간들이었습니다. 세상에 그들처럼 교활하고 잔인한 인간은 없었습니다. 랍비 한 사람이 그런 인간들은 모두 물에 빠져 죽어버리기나 했으면 좋겠다고 말했습니다.

그러자 그들 중에서 가장 위대한 랍비가 이렇게 말했습니다.

"아니오. 유대인은 그런 생각을 가져선 안 되오. 아무리 이 사람들이 죽어버리는 편이 낫다 하더라도 그런 기도는 안 되오. 악인들이 죽기를 바라기보다는 그들이 자신의 죄를 회개하기를 바라야 하오."

악인을 벌하는 것은 아무런 이득도 되지 않습니다. 그들이 잘못을 뉘우쳐 선한 사람이 되게 하는 것이 참다운 이득입니다.

✾

인류를 사랑하기는 쉽지만,

인간을 사랑하기는 어렵다.

신부의 나무 지붕

사내아이가 태어나면 삼나무 묘목을 심고, 계집아이가 태어나면 소나무 묘목을 심는 게 유대인의 풍습입니다.

그리고 그들이 결혼할 때면, 그 삼나무 가지와 소나무 가지로 나무 지붕을 만들어 두 사람을 덮어줍니다.

누구나 신부가 나무 지붕 밑으로 들어간다는 사실은 알고 있습니다.

하지만 그 다음에 어떤 일이 일어나는가는 누구에게도 말해서는 안 됩니다.

⊛

어머니는

자식의 결점을 덮을 수 있는

큰 앞치마를 두르고 있어야 한다.

여자와 황금 항아리

구약성서에 인류의 첫 번째 여성은 아담의 갈비뼈 한 개로 만들어 졌다고 씌어 있습니다.

로마 황제가 어느 날 랍비의 집을 찾아가 물었습니다.

"하나님은 도둑이야. 어째서 남자가 잠자고 있을 때 그의 허락도 없이 갈비뼈를 훔쳐 갔지?"

랍비가 생각을 하는 동안, 옆에 있던 랍비의 딸이 끼어들었습니다.

"폐하, 폐하의 부하 한 사람을 불러주십시오."

"왜 그러느냐?"

"곤란한 문제가 생겼는데 좀 이상해서 그것을 조사시켰으면 해서 입니다."

"그거야 어렵지 않지. 그런데 그 곤란한 문제라는 것이 도대체 무 엇이냐?"

"실은 어젯밤 저희 집에 도둑이 들어 금고를 훔쳐 갔습니다. 그런데 도둑이 대신 황금 항아리를 놓고 갔습니다. 도대체 왜 그랬는지 조사해보고 싶습니다."

"호, 그것참 부러운 이야기로군. 그런 도둑이라면 우리 집에도 들어왔으면 좋겠네."

그러자 랍비의 딸이 이렇게 말했습니다.

"예, 그러시기도 할 것입니다. 그런데 폐하, 그 일은 바로 아담의 몸에서 일어났던 일과 같다고 할 수 있지 않겠습니까? 하나님께서는 갈비뼈 한 개를 훔쳐 가는 대신 이 세상에 여자를 남겨주셨으니까요."

남자의 집은 아내이다.

여자의 힘

선량한 부부가 어쩌다 그만 이혼을 했습니다.

남편은 곧 재혼을 했습니다.

그런데 악한 여인을 만나 그도 새 아내와 똑같이 악한 사람이 되고 말았습니다.

아내도 곧 재혼을 했습니다.

그런데 새로 만난 악한 새 남편은 아내와 똑같이 선량한 사람이 되었습니다.

이처럼 남자는 언제나 여자의 조종과 감화를 받게 마련입니다.

🌀

비단으로는 모자를 만들 수 있어도,

모자로는 비단을 만들 수 없다.

남자의 갈비뼈로 여자를 만든 까닭

하나님이 최초의 여자를 만들 때 남자의 머리로 만들지 아니한 것은 여자가 남자를 지배해서는 안 되기 때문입니다.

또 남자의 발로 만들지 않은 것은 여자가 남자의 노예가 되어서는 안 되기 때문입니다.

하나님이 여자를 남자의 갈비뼈로 만든 것은 여자가 항상 남자의 마음 가까이에 있어야 하기 때문입니다.

🌀

부부가 진심으로 사랑하면

폭이 칼날만 한 침대에서도 함께 잘 수 있지만,

서로 싫어하면

폭이 16미터나 되는 침대조차도 비좁다.

소경의 등불

한 사나이가 캄캄한 밤거리를 걸어가고 있는데 맞은편에서 소경이 등불을 든 채 걸어오고 있었습니다.

사나이가 소경에게 물었습니다.

"소경에게도 등불이 필요한가요?"

소경은 이렇게 대답했습니다.

"내가 이 등불을 들고 걸어가야 눈 뜬 사람들이 내가 걸어가고 있다는 걸 알 수 있거든요."

지혜로운 사람들 속에 있는 바보 하나와

바보들 속에 있는 지혜로운 자 하나.

그들이야말로 귀찮고 거추장스러운 존재이다.

위대한 탈무드

나치스의 수용소에서 6백만이나 되는 유대인들이 학살을 당했습니다.

겨우겨우 살아남은 유대인들은 미국의 트루먼 대통령에게 고마움을 표시하기 위해 탈무드를 기증했습니다. 그런데 그 책은 제2차 세계대전 발발 후 독일에서 인쇄된 것이었습니다.

그토록 악착같이 유대인을 멸종시키려고 애썼던 독일에서조차 탈무드를 인쇄하여 발행하고 있었던 것입니다.

이는 바로 탈무드가 얼마나 위대한 책인지를 잘 말해주는 명백한 증거입니다.

🌀

더러운 물이라도
깨끗한 물을 얻을 때까지는 버리지 마라.

랍비의 선행

랍비 두 명이 같은 땅을 사려고 했습니다.

그런데 한 랍비가 먼저 와서 그 땅의 값을 정한 뒤에 다른 랍비가 와서 그 땅을 사버렸습니다.

어떤 사람이 두 번째 랍비에게 가서 이렇게 물었습니다.

"어떤 사람이 과자를 사려고 제과점에 갔더니, 다른 사람이 먼저 와서 그 과자의 품질을 조사하고 있었습니다. 그런데 뒤에 온 사람이 그 과자를 사버렸다면 어떻게 되겠습니까?"

랍비가 대답했습니다.

"그건 안 될 말이오. 그 사나이는 틀림없이 나쁜 사람이오."

그러자 사나이는 이렇게 말했습니다.

"랍비께서 땅을 샀다고 들었습니다. 그런데 선생님보다 먼저 다른 선생님이 그 땅의 값을 정하여 놓지 않았습니까? 그래도 괜찮은 가요?"

이 문제를 놓고 몇 가지 해결책이 나왔습니다.

첫 번째는 나중 랍비가 처음 랍비에게 그 땅을 파는 것이었습니다. 그러나 나중 랍비는 땅을 사자마자 파는 게 재수 없는 일이라며 싫다고 했습니다.

두 번째는 그 땅을 처음 랍비에게 선물로 주는 것이었습니다. 그러나 이번엔 처음 랍비가 값을 지불하지도 않고 땅을 선물로 받는 건 싫다고 했습니다.

결국 나중 랍비는 그 땅을 학교에 기부하기로 결정했습니다.

※

사람이 죽어서
신 앞에 가지고 갈 수 없는 것이 있다.
돈과 친구와 친척과 가족이 그것이다.
그러나 선행만은 가지고 갈 수 있다.

유대인의 제단

유대인의 제단에는 돌밖에 사용하지 않습니다.

금속은 절대로 쓰지 않습니다.

금속으로 무기를 만들 수도 있기 때문입니다.

요컨대 제단이란, 신과 인간 사이에 평화를 가져다주며 동시에 신과 인간을 맺어주는 상징인 것입니다.

마음은 신의 은혜를 입고,

육체는 푸줏간의 은혜를 입고 있다.

랍비 이야기_힐렐

지금으로부터 2천여 년 전 바빌로니아에서 태어난 힐렐은 20세가 되었을 무렵 이스라엘로 가서 2명의 위대한 랍비 밑에서 공부했다. 당시는 로마제국의 지배 아래 있었기 때문에 유대인들의 생활은 몹시 고통스러웠다. 힐렐은 살기 위해 돈벌이에 나섰으나 하루에 동전 한 닢밖에 벌 수가 없었다. 게다가 번 돈의 절반은 생활을 유지하는 데 썼고, 나머지 절반으로는 수업료를 내야 했다.

그러던 어느 날, 힐렐은 일거리를 얻지 못해 한 푼도 벌지 못했다. 그러나 어떻게 해서라도 강의만은 듣고 싶었다. 그래서 학교 지붕 위로 올라가 굴뚝 구멍에 귀를 대고 밤중까지 교실에서 진행되는 강의를 들었다. 그러다가 그만 지붕 위에서 그대로 잠이 들고 말았다. 추운 겨울철이라 때마침 내린 눈이 그의 몸을 덮었다.

다음 날 아침, 다시 수업이 시작되었다. 그런데 웬일인지 교실 안이 컴컴했다. 모두가 천장을 바라보니 채광창에 어떤 사람이 걸려 있는 것이 보였다. 사람들은 의식 잃은 힐렐을 지붕 위에서 끌어

내려 따뜻한 방에 눕혔다.

이 일로 힐렐은 수업료를 면제받게 되었다. 유대인 학교에서 수업료를 받지 않게 된 것은 이때부터이다.

힐렐의 가르침은 랍비들 중에서도 가장 많이 전해지고, 예수의 말씀 중에도 힐렐의 말을 그대로 인용한 것이 많다. 힐렐은 천재였고, 매우 점잖고 예의 바른 사람이었다.

한번은 로마인이 힐렐에게 말했다.

"내가 한 발로 서 있는 동안, 유대인의 학문을 모두 말해보라."

그러자 힐렐은 이렇게 대답했다.

"내가 당하고 싶지 않은 일을 남에게 요구하지 마시오."

하루는 짓궂은 남자들이 힐렐을 화나게 할 수 있느냐 없느냐를 가지고 내기를 했다.

유대인들은 안식일을 경건하게 보낸다. 안식일은 금요일 해 질 무렵부터 토요일 해 질 무렵까지 하루 동안이다. 유대인은 몸과 마음을 깨끗이 하고 안식일을 맞으며, 이날에는 특별히 맛있는 음식을 만들어놓았다가 먹는다. 안식일에는 물론 불도 사용하지 않는다.

금요일 낮, 안식일을 지내기 위해 힐렐이 목욕탕에 들어가 몸을 씻고 있는데, 한 남자가 와서 노크를 했다. 힐렐은 젖은 몸을 수건으로 닦고 옷을 걸친 다음 문을 열고 나갔다. 그러자 그 남자가 "사람의 머리통은 왜 둥급니까?" 따위의 쓸데없는 질문을 했다.

힐렐은 그의 질문에 모두 대답해주고 다시 목욕탕으로 들어갔다. 그런데 그 남자가 다시 힐렐을 불러낸 다음 "검둥이는 왜 살갗이 검지요?" 따위의 실없는 질문을 퍼붓는 것이었다.

힐렐이 검둥이의 살갗이 왜 검은지를 열심히 설명해주고 다시 목욕탕으로 들어오니, 또 노크 소리가 들렸다. 예의 그 남자가 비슷한 질문을 퍼부었다.

이런 일이 다섯 번이나 되풀이되었다. 그때마다 힐렐은 젖은 몸을 닦고 옷을 걸친 다음 목욕탕을 나와 부드러운 말로 남자의 질문에 대답해주었다. 마침내 남자가 말했다.

"당신 같은 사람이 없었더라면 좋았을 거요. 나는 당신 때문에 많은 돈을 잃었단 말이오."

그러자 힐렐이 이렇게 말했다.

"내가 인내력을 잃는 것보다 당신이 돈을 잃는 편이 낫지요."

하루는 힐렐이 급한 걸음으로 거리를 걷는 것을 보고 학생들이 달려왔다.

"선생님, 어디를 그렇게 급히 가십니까?"

"좋은 일을 하기 위해 급히 가고 있는 중이란다."

학생들이 무슨 일인가 싶어 따라가니, 힐렐은 공중목욕탕으로 들어가 몸을 씻는 것이었다.

"선생님, 그것이 좋은 일입니까?"

"자신의 몸을 깨끗이 씻는 것은 좋은 일이지. 저 로마인들을 보아라. 그들은 많은 동상을 깨끗이 닦지 않더냐? 하지만 동상을 닦기보다는 자기 자신을 깨끗이 닦는 편이 훨씬 낫단다."

이 밖에도 힐렐은 많은 위대한 가르침을 남겼다. 씹으면 씹을수록 묘미가 있는 가르침이다. 그가 남긴 가르침 중 몇 가지이다.

1. 자신의 직위를 사람들에게 알리려고 애쓰는 인간은 자신의 인격에 상처를 입히는 인간이다.

2. 상대방의 입장에 서지 않고서 남을 판단하지 마라.

3. 배우려 하는 사람은 부끄러워해서는 안 된다.

4. 인내력이 없는 사람은 남을 가르칠 수 없다.

5. 당신 주위에 뛰어난 인물이 없다면, 당신 자신이 뛰어난 인물이 되어야 한다.

6. 내가 나를 위해 일하지 않는데, 누가 나를 위해 일하겠는가.

7. 지금 그 일을 하지 않는다면, 언제 할 수 있겠는가.

8. 인생의 최고의 목적은 평화를 사랑하고, 평화를 추구하고, 평화를 실현하는 것이다.

🌀

자신의 일만을 생각하는 인간은
자기 자신이 될 자격조차 없다.

너를 칭찬하고 따르는 친구도 있을 것이며,
너를 비난하고 비판하는 친구도 있을 것이다.
너를 비난하는 친구와 가까이 지내도록 하고
너를 칭찬하는 친구와 멀리하라.

Talmud #2

보물

인간의 입은 하나지만 귀는 둘이다.
이것은 말하기보다 듣기를 두 배 더 하라는 뜻이다.
당신의 의사와 관계없이 여러 가지 얘기가 날아 들어올 때
중요한 것은 당신의 선택이다.
거기서 지혜를 찾아라.

은둔자

만일 유대인이 속세를 완전히 떠나 10년 동안 공부만 했다면, 공부가 끝난 10년 후에는 하나님께 제물을 바치고 용서를 빌어야 합니다.

그것은 아무리 훌륭한 공부를 할지라도 사회로부터 자기 자신을 격리시키는 것은 죄악이기 때문입니다.

그래서 유대인 사회에서는 은둔자가 없습니다.

🌀

하늘을 나는 천 마리 새보다
새장 속에 있는 한 마리 새가 낫다.

법률과 붕대

어떤 나라 왕이 아들의 상처를 붕대로 감아주면서 이렇게 말했습니다.

"애야, 이 붕대를 절대 풀어서는 안 된다. 이 붕대를 감고 있는 한 너는 식사를 하거나 달리거나 물에 들어가도 절대로 아프지 않을 것이다. 그러나 이 붕대를 풀면 상처는 그날부터 악화될 것이다."

인간도 이와 마찬가지입니다.

인간의 마음속에는 악한 것을 바라는 성향이 있습니다.

그러나 법률을 지키는 한, 결코 성품이 악해지는 일은 없을 것입니다.

✺

법은 존경하되

재판관은 존경하지 마라.

벌거벗은 임금님

마음씨 고운 부자가 있었습니다.

어느 날 그 부자가 하인이었던 종을 기쁘게 해주려고 배에 많은 물건을 실어 준 다음, 어디든지 마음대로 좋은 곳을 찾아가 그곳에서 물건을 팔아 행복하게 살라며 그를 해방시켜 주었습니다.

배는 넓은 바다로 나아갔습니다.

그런데 그만 폭풍을 만나 배가 침몰되고 말았습니다.

하인은 배에 실었던 물건을 모두 잃고, 가까스로 헤엄쳐 가까운 섬에 닿았습니다.

섬 안으로 얼마를 걸어가니 큰 마을이 있었습니다.

그런데 그가 마을에 이르자 사람들이 모두 나와 환호성을 지르며 맞이하는 것이었습니다.

마을 사람들은 "임금님 만세!"라고 외치며 그를 왕으로 삼았습니다.

호화스런 궁전에 살면서도 그는 꿈을 꾸는 것만 같았습니다.

아무리 생각해도 이 현실을 믿을 수가 없어, 하루는 한 젊은이에게 물었습니다.

"도대체 어떻게 된 일인가? 나는 여기에 맨몸으로 도착했는데, 갑자기 나를 왕으로 받들어주다니 영문을 모르겠네."

그러자 젊은이가 이렇게 대답했습니다.

"우리는 살아 있는 인간이 아니라 영혼입니다. 그래서 해마다 한 번씩 산 인간이 이 섬으로 와서 우리의 왕이 되어주기를 바라지요. 하지만 조심하셔야 합니다. 일 년이 지나면 임금님께서는 여기에서 추방되어 생물도 없고 먹을 것도 없는 섬으로 혼자 가셔야 할 테니까요."

왕이 된 노예가 젊은이에게 말했습니다.

"정말 고맙네. 그렇다면 지금부터 일 년 후를 위해 여러 가지 준비를 해야겠군."

그는 사막처럼 황량한 다른 섬에다 꽃과 나무를 심어 일 년 후의 일에 대비하기 시작했습니다.

이윽고 일 년이 지나자 그는 예상대로 그 행복한 섬에서 추방되었습니다.

그는 그 섬에 왔을 때와 똑같은 알몸뚱이로 죽음의 섬을 향해 떠나야 했습니다.

사막처럼 황폐하던 섬에 도착해보니 꽃이 피고 과일이 열린 아름다운 땅으로 바뀌어 있었습니다.

또 그보다 먼저 그 섬으로 추방되어 온 사람들이 그를 따뜻하게 맞아주었습니다.

그는 그 섬에서 사람들과 함께 행복하게 살았습니다.

이 이야기는 여러 가지 상징적인 표현을 쓰고 있습니다.

마음씨 고운 부자는 하나님이고, 하인은 인간의 영혼입니다.

그가 표류하다 상륙한 섬은 이 세계이며, 그 섬의 주민들은 인류입니다.

그리고 일 년 후에 추방되어 간 섬은 내세요, 거기에 있는 꽃과 과일은 선행입니다.

🌀

이승에 있는 동안은
영원히 죽지 않는다 생각하고 모든 것을 계획하라.
그리고 저승을 위해서는
내일 죽는다 생각하고 계획하라.

준비하는 사람의 행복

왕이 하인 둘을 만찬회에 초대했습니다.

하지만 만찬회가 언제 열리는지 그 시간은 알려주지를 않았습니다.

그중 현명한 하인은 이렇게 생각했습니다.

'임금님이 말씀하신 일이니까 만찬회는 틀림없이 열릴 거야. 언제 열리게 될지 모르니까 만찬회에 참석할 수 있도록 만반의 준비를 해야지.'

그러곤 궁궐 문 앞에 가서 기다렸습니다.

한편 어리석은 하인은 이렇게 생각했습니다.

'만찬회 준비를 하자면 시간이 걸릴 거야. 그러니 열리려면 아직도 멀었어.'

그러곤 아무런 준비도 하지 않았습니다.

이윽고 만찬회가 열리자 현명한 하인은 곧 참석하여 맛있는 음식을 먹었습니다.

하지만 어리석은 하인은 미처 준비하지 않아 참석조차 못 하고 말았습니다.

당신도 언제 하나님의 부름을 받을지 모릅니다.

하나님의 만찬회에 초대받았을 때 당황하지 않고 참석할 수 있도록 항상 준비해 놓아야 합니다.

좋은 일을 하려고 하면 처음엔 가시밭길을 걸으나
이윽고 평탄한 길로 들어간다.
나쁜 일을 하려고 하면 처음엔 평탄한 길이지만
이윽고 가시밭길로 들어간다.

소경과 절름발이

어떤 왕에게 '오차'라는 아주 맛있는 과일이 열리는 나무가 있었습니다.

왕은 그 과일나무를 지키기 위해서 경비원 두 사람을 고용하였습니다.

한 사람은 소경이고, 또 한 사람은 절름발이였습니다.

그런데 이 두 사람이 나쁜 마음을 먹고 한패가 되었습니다.

하루는 두 사람이 과일을 따 먹을 궁리를 했습니다.

소경은 절름발이를 어깨 위에 무동 태우고, 절름발이가 지시하는 대로 움직여 마침내 과일을 따 먹을 수 있었습니다.

그 사실을 알게 된 왕이 몹시 화가 나서 두 사람을 엄히 문초하였습니다.

소경이 대답했습니다.

"앞을 볼 수 없는 제가 어떻게 해서 과일을 따 먹을 수가 있겠습니까?"

이번엔 절름발이가 대답했습니다.

"똑바로 설 수도 없는 제가 저렇게 높은 곳을 어떻게 올라갈 수 있겠습니까?"

어떤 일에서나 둘의 힘은 하나의 힘보다 위대합니다.
사람도 육체만 가지고는 아무것도 해낼 수 없으며, 정신만 가지고도 아무것도 해내지 못합니다.
육체와 정신이 힘을 합쳐야 좋은 일이건 나쁜 일이건 할 수 있습니다.

인생이란 현인에게는 꿈이요,
어리석은 자에게는 게임이요,
부자에게는 희극이요,
가난한 자에게는 비극이다.

두려움에 대하여

어떤 랍비가 로마로 여행을 갔는데 거리에 포고문이 나붙어 있었습니다.

그 포고문은 다음과 같았습니다.

'왕비가 값비싼 장식물을 분실했다. 30일 이내에 그것을 찾아오는 자에게는 큰 상을 내리겠다. 30일이 지난 뒤에 그것을 가지고 있는 자가 발견되면 사형에 처하겠다.'

랍비는 우연히 그 장식물을 발견했습니다.

그리고 31일째 되는 날 그것을 왕궁으로 가져가 왕비 앞에 내놓았습니다.

그러자 왕비가 물었습니다.

"당신은 포고령이 내렸을 때 여기에 있었나요?"

랍비는 그렇다고 대답했습니다.

왕비가 다시 물었습니다.

"30일이 지난 뒤에 이것을 가져오면 어떤 벌을 받는지도 알고 있나요?"

랍비는 또 안다고 대답했습니다.

왕비가 또다시 물었습니다.

"그러면 왜 30일이 지나도록 이것을 가지고 있었나요? 하루만 일찍 가져왔더라도 당신은 큰 상을 받을 수 있었을 텐데, 목숨이 아깝지 않은가요?"

랍비는 이렇게 대답했습니다.

"30일 이전에 이것을 가져왔다면 사람들은 내가 당신을 두려워하거나 당신에게 잘 보이기 위해서라고 생각할 것입니다. 내가 오늘까지 기다렸다 이 장식물을 가져온 것은 내가 결코 당신을 두려워하지 않으며, 내가 두려워하는 것은 오직 하나님뿐이라는 사실을 사람들에게 가르쳐주고 싶었기 때문입니다."

이 말을 듣고 왕비는 자세를 바로잡은 다음 이렇게 말했습니다.

"그처럼 훌륭하신 하나님을 가진 당신께 깊은 경의를 표하는 바입니다."

✺

신이 주신 걸 거절하는 것은
죄이다.

Talmud 048
유대인과 하드리아누스 황제

로마의 하드리아누스 황제는 유대인을 지독할 정도로 미워했습니다.

어느 날, 한 유대인 남자가 하드리아누스 황제 앞을 지나가게 되었습니다.

"폐하, 안녕하십니까?"

남자가 인사를 하자 황제가 물었습니다.

"너는 누구냐?"

남자가 대답했습니다.

"저는 유대인입니다."

그러자 황제는 부하에게 이렇게 명령했습니다.

"당장 저놈의 목을 잘라라."

다음 날 또 다른 유대인 남자 하나가 황제 앞을 지나가게 되었습니다.

그런데 남자가 인사를 하지 않자 황제는 이렇게 명령했습니다.

"로마 황제에게 경의를 표하지 않은 놈이다. 저놈의 목을 잘라라."

이상하게 생각한 대신들이 물었습니다.

"폐하, 어제는 인사를 한 사람을 죽이시더니, 오늘은 인사를 하지 않았다는 죄목으로 죽이셨습니다. 그 까닭을 알 수가 없습니다."

그러자 황제는 이렇게 대답했습니다.

"나의 처사는 다 옳다. 그대들은 잘 모르겠지만, 나는 유대인을 어떻게 대해야 하는지 잘 알고 있다."

이는 유대인이란 사실 하나만으로 유대인을 죽인 하드리아누스 황제의 유명한 일화입니다.

❀

돼지가죽으로 몸을 감싸더라도
유대인은 유대인이다.

전화위복

랍비 아키바가 나귀와 개를 데리고 여행을 떠났습니다.

그에겐 작은 램프 하나가 있었습니다.

날이 저물어 어둠이 내렸습니다.

낡은 헛간을 발견한 아키바는 그곳에서 밤을 새우기로 했습니다.

잠을 자기에는 아직 이른 시간이라 아키바는 램프를 켜놓고 책을 읽기 시작했습니다.

그런데 갑자기 바람이 불어 등불이 꺼졌습니다.

아키바는 하는 수 없이 잠을 자기로 했습니다.

아키바가 잠을 자는 동안, 여우가 와서 개를 죽여버리고, 사자가 와서 나귀를 죽여버렸습니다.

아침이 되자, 아키바는 램프만 가지고 혼자서 터벅터벅 길을 떠났습니다.

마을에 이르러보니 사람의 그림자라곤 하나도 없었습니다.

전날 밤 도둑떼가 쳐들어와 집을 불사르고 마을 사람들을 모두 죽여버렸던 것입니다.

만일 램프가 바람에 꺼지지 않았다면 아키바도 도둑들에게 발견되었을 것입니다.

그리고 개가 짖어대도 도둑들이 몰려왔을 것입니다.

또 나귀가 소란을 피워도 그랬을 것입니다.

결국 이 모든 것을 잃어버린 덕분에 아키바는 살아남을 수 있었던 것입니다.

이 일로 인해 랍비 아키바는 하나의 진리를 깨달았습니다.

'사람은 최악의 상태에서도 희망을 잃어서는 안 된다. 전화위복도 있다는 사실을 알아야 한다.'

✿

똑같은 태양인데,

한쪽에서는 빨래를 마르게 하고,

다른 쪽에서는 사람의 얼굴을 검게 한다.

로마 장교의 꿈

로마의 한 장교가 랍비를 찾아가 부탁했습니다.

"유대인은 몹시 현명하다는 말을 들었소. 오늘 밤에 내가 어떤 꿈을 꾸게 될지 가르쳐 주시오."

당시 로마의 가장 큰 적은 페르시아였습니다. 랍비는 말했습니다.

"페르시아군이 로마를 기습하여 로마군을 쳐부수고 지배하여 로마인들을 노예로 삼고, 가장 싫어하는 일을 시키는 꿈을 꿀 것이오."

다음 날 아침 로마 장교가 다시 랍비를 찾아와 말했습니다.

"어떻게 내가 그런 꿈을 꾼다는 걸 알 수 있었소?"

로마 장교는 꿈이 암시를 통해 비롯된다는 사실을 몰랐고, 자기가 암시에 걸렸다는 사실조차 몰랐던 것입니다.

※

운명을 거스르면 운명에 지배되고,

운명에 따르면 운명을 지배할 수 있다.

세상에서 가장 강한 인간

인간의 모든 기관은 마음에 의해 좌우됩니다.

마음은 보고, 듣고, 걷고, 서고, 굳어지고, 부드러워지고, 기뻐하고, 슬퍼하고, 화내고, 두려워하고, 거만해지고, 설득되고, 사랑하고, 미워하고, 부러워하고, 질투하고, 사색하고, 반성합니다.

세상에서 가장 강한 인간은 자신의 마음을 통제할 수 있는 인간입니다.

진리는 물 위의 기름처럼
늘 분명하다.

생각의 사다리

기나긴 여행길에 들어선 두 남자는 배가 몹시 고파 허기진 배를 움켜쥐고 길을 걷다 우연히 빈집을 발견하게 되었습니다. 방에 들어가 보니 맛있는 과일이 가득 담긴 바구니가 천장에 매달려 있었습니다. 이것을 보고 한 사나이가 말했습니다.

"과일은 먹고 싶지만, 너무 높은 곳에 있어서 꺼낼 수가 없군."

하지만 다른 한 사나이는 이렇게 생각했습니다.

'저것을 꼭 먹어야겠어. 저렇게 매달려 있는 건 틀림없이 누군가가 매달아 놓았기 때문이야. 나라고 올라가지 못할 까닭이 없지.'

그는 집 안을 샅샅이 뒤져 사다리를 찾아내 한 발짝 한 발짝 밟고 올라가 그 과일을 꺼내 맛있게 먹었습니다.

❀

행운이 찾아오는 데에는 지혜가 필요 없다.

그러나 행운을 붙잡는 데에는 지혜가 필요하다.

유대인의 기도

항해 중인 배에 여러 나라에서 모여든 사람들이 함께 타고 있었습니다.

그런데 갑자기 폭풍이 일어났습니다.

유대인만 빼고 모든 사람이 각기 자기가 믿는 신에게 자기 방법대로 기도를 했습니다.

그래도 폭풍은 점점 더 거세어질 뿐이었습니다.

사람들은 일제히 기도를 하지 않는 유대인을 나무라기 시작했습니다.

"왜 당신은 기도를 하지 않소?"

"……"

아무 말이 없던 유대인이 이윽고 기도를 하자 폭풍이 즉시 가라앉았습니다.

배가 항구에 무사히 도착한 뒤 사람들이 물었습니다.

"우리 모두가 그토록 열심히 기도할 때에는 효험이 전혀 없었는데, 당신이 기도를 하자 폭풍이 가라앉았으니 도대체 어찌 된 일입니까?"

그러자 유대인은 이렇게 대답했습니다.

"그것은 나도 잘 알 수가 없습니다. 바빌로니아 사람은 바빌로니아 신에게 기도하고, 로마인들은 로마 신에게 기도했습니다. 그런데 바다는 어느 나라에도 속해 있지 않습니다. 우리 유대인들의 신은 온 우주를 지배하는 큰 신이기 때문에 내 소원을 들어주신 것 같군요."

🌀

배가 고플 때는 노래하고,
상처를 입었을 때는 웃어라.

랍비의 무언극

로마 황제가 이스라엘에서 가장 위대한 랍비와 가까이 지내고 있었습니다.

두 사람의 생일이 같았기 때문입니다.

두 나라의 관계가 별로 좋지 않을 때에도, 두 사람은 항상 친분을 유지했습니다.

하지만 황제가 랍비와 친구라는 사실은 두 나라의 관계로 보아 별로 좋은 일은 아니었습니다.

그래서 황제는 랍비에게 물어보고 싶은 게 있을 때마다 사람을 보내 그의 의견을 물어야 했습니다.

어느 날 황제가 사자를 랍비에게 보내어 다음과 같이 물었습니다.

"나는 달성하고 싶은 것이 두 가지 있소. 내가 죽으면 아들을 왕위에 오르게 하는 것이 그 하나요, 이스라엘에 있는 티베리아스를 자유 관세 도시로 만드는 것이 그 둘째요. 그런데 나는 이 둘 중

하나밖에 달성할 자신이 없소. 이 두 가지를 모두 달성할 길은 없 겠소?"

당시는 두 나라의 관계가 몹시 험악한 상태에 있었기 때문에 황 제의 이 질문에 랍비가 대답해주었다는 것이 알려지면 국민에 게 나쁜 영향을 끼칠 것은 불을 보듯이 훤했습니다.

그러므로 랍비는 황제의 질문에 아무런 대답도 줄 수가 없었습 니다.

사자가 돌아오자 황제가 물었습니다.

"그래, 편지를 받고 랍비가 뭐라고 하더냐?"

사자가 대답했습니다.

"랍비께선 편지를 읽어본 다음, 아들을 어깨 위에 올려놓고 비둘 기를 아들에게 주어 하늘로 날려 보내게 했습니다. 그 밖에는 아 무런 대답도 하지 않았습니다."

황제는 랍비의 뜻을 알 수 있었습니다.

'우선 왕위를 아들에게 물려주고, 그로 하여금 관세를 자유화하도 록 하면 됩니다.'

얼마가 지난 후, 황제가 다시 사자를 보내서 랍비에게 물었습니 다.

"우리 관리들이 내 마음을 괴롭히고 있소. 이를 어떻게 하면 좋겠 소?"

랍비는 뜰에 있는 밭에 나가 채소 한 포기를 뽑아 가지고 돌아왔습니다.

그러곤 잠시 후 다시 밭에 나가 한 포기를 뽑고, 또 잠시 후에 한 포기를 뽑는 것이었습니다.

황제는 이번에도 랍비의 뜻을 알아차렸습니다.

'당신의 적을 한꺼번에 멸망시키려 하지 마십시오. 몇 번에 나누어 한 사람 한 사람씩 뿌리를 뽑으십시오.'

이처럼 인간의 의사는 말이나 문장에 의존하지 않고서도 얼마든지 나타낼 수가 있는 것입니다.

※

시계는

일어날 시간을 알기 위하여 사용되어야지

잠잘 시간을 알기 위하여 사용될 것이 못 된다.

네 가지 정의

"현인이란 어떤 사람입니까?"
"자신의 감정을 누르는 사람입니다."

"강한 사람이란 어떤 사람입니까?"
"자신의 감정을 누르는 사람입니다."

"풍족한 사람이란 어떤 사람입니까?"
"자기가 가진 것에 만족하는 사람입니다."

"남들에게 사랑받는 사람이란 어떤 사람입니까?"
"모든 사람을 칭찬하는 사람입니다."

✳

촛불은 뒤에 들고 있어서는 소용이 없다.

암시장의 족제비

현명한 재판관이 시장을 지나가다 많은 장물이 그곳에서 매매된다는 것을 눈치채고 마을 사람과 도둑들을 일깨워줘야겠다고 생각하고, 족제비 한 마리를 풀어놓고 작은 고깃덩어리를 주었습니다. 그러자 족제비는 그것을 물고 자기만이 드나들 수 있는 작은 구멍에다 감추고 도로 나왔습니다. 사람들은 족제비가 그 고기를 숨긴 곳을 쉽게 알 수 있었습니다. 재판관은 그 구멍을 막은 다음, 이번엔 더 큰 고깃덩어리를 족제비에게 주었습니다. 족제비는 자기 굴로 고깃덩어리를 가져갔지만, 구멍이 막혀 있자 그걸 문 채 재판관 앞으로 돌아왔습니다. 고깃덩어리를 처치할 수 없어 결국 그 고기를 준 사람에게 다시 가지고 온 것입니다. 이 광경을 본 마을 사람들은 시장을 샅샅이 뒤져 도둑맞은 물건을 찾아냈습니다.

너무 높이 오르지 않으면 높은 데서 떨어질 일이 없다.

시집가는 딸에게 _ 현명한 어머니가

나의 사랑하는 딸아. 네가 만일 남편을 왕처럼 존경한다면 네 남편은 너를 여왕처럼 받들 것이고, 하녀처럼 행동한다면 하녀처럼 취급할 것이다. 네가 콧대를 너무 세워 봉사하기를 싫어한다면, 남편은 너를 폭력으로 다스려 하녀로 만들 것이다. 네 남편이 친구 집을 방문할 때는 반드시 목욕하고 옷을 단정히 입고 나가게 하라. 남편의 친구가 집에 오거든 극진히 대접하라. 그렇게 하면 남편은 너를 소중히 생각해줄 것이다. 항상 가정에 마음을 쓰고, 남편의 소지품을 소중히 다루어라. 그러면 그는 네 머리 위에 왕관을 씌워 줄 것이다.

동물은 태어날 때부터 완성되어 있다.
그런데 인간은 태어났을 때에는 원료에 불과하다.
이 원료를 써서 어떤 인간을 만드느냐 하는 것은
부모의 책임이다.

어떤 거짓말

벙어리가 말을 했다는 것.

장님이 보았다는 것.

앉은뱅이가 달려갔다는 것을 귀머거리가 들었다는 이야기.

❀

잠꾸러기는 이불을 몸에 걸치고

생활하는 것과 같다.

유대인과 비유대인

많은 양떼를 기르는 왕이 양치기를 시켜 그 양들을 날마다 방목하였습니다. 그러던 어느 날 양과는 전혀 다르게 생긴 동물 한 마리가 양떼 속에 끼어들자 양치기가 왕에게 여쭈었습니다.

"낯선 동물 한 마리가 양떼 속에 끼어들었는데 어떻게 할까요?"

"그 동물을 특별히 잘 보살펴주어라. 양들은 처음부터 내가 길러왔으니 걱정할 게 없지만, 그 낯선 동물은 이곳과는 전혀 다른 환경에서 자랐음에도 내 양들 속에 섞여 있으니 얼마나 반가운 일이냐?"

유대인은 태어날 때부터 유대의 전통 속에서 자랍니다. 유대의 전통이 아닌 다른 환경에서 자란 사람이 유대 문화를 잘 이해한다면 자신의 종족보다 더 존경하라는 게 유대인의 가르침입니다.

✺

자신이 올바르다고 생각하는 올바른 사람보다
자신이 나쁘다고 생각하는 나쁜 사람이 더 존귀하다.

하늘이 정해준 사랑

아름답고 현명한 딸을 둔 솔로몬 왕이 어느 날 딸의 남편감이 딸에게는 어울리지 않는 형편없는 사나이일 거라는 꿈을 꾸게 되자 딸을 작은 섬에 있는 별궁에 감금시켰습니다. 별궁 둘레에 높은 담을 쌓고, 많은 감시병을 배치해놓고는 열쇠를 가지고 왕궁으로 돌아왔습니다. 한편, 솔로몬 왕이 꿈에서 본 그 사내는 어느 황야에서 홀로 방황하고 있었습니다. 밤이 되자 그는 죽은 사자의 털가죽 속에 들어가 잠을 잤습니다. 그때 큰 새가 날아와 사자의 털가죽과 함께 그를 들어 올려 공주가 감금된 별궁 위에 떨어뜨렸습니다. 사나이는 공주를 만나게 되었고, 두 사람은 사랑에 빠졌습니다.

진실한 사랑은 모든 것을 초월하고 모든 것을 이겨냅니다.

언제이고 일어날 일은 반드시 일어나게 마련입니다.

신은 천상에 앉아 땅의 인간들을 짝지어준다.

10이라는 숫자

유대인에게 9명 이하는 개인입니다. 10명이 되어야 비로소 집단으로 인정합니다.

어떤 사람에게 나쁜 말을 하여 상처를 입혔을 경우, 그 당사자가 사죄를 받아들이지 않는다 해도 10명에게 자신의 잘못을 말하고 용서를 구하면 잘못을 용서받은 것과 같습니다. 만일 상처받은 사람이 이미 죽어서 잘못을 사과할 수 없다면, 10명을 그의 무덤으로 데려가 그들이 보는 앞에서 무덤을 향해 용서를 빌어야 합니다. 유대인의 예배당에서는 기도할 때도 10명 이상이 있지 않으면 예배가 성립되지 않습니다. 결혼식도 10명 이상이 참석하지 않으면 거행하지 못합니다.

🌀

사람에 따라서는 구두와 비슷한 사람이 있다.

싸면 살수록 크게 삐걱거린다.

꿈을 꾸는 이유

한 사나이가 이웃집 여인과 바람 한번 피워보기를 간절히 바라던 중 어느 날 밤, 드디어 그 여인과 성관계를 갖게 되는 꿈을 꾸었습니다.

탈무드에서는 이것을 좋은 일이라고 생각합니다.

왜냐하면 꿈이란 간절한 소원의 무의식적인 표현으로서 실제로 성관계를 가졌다면 그런 꿈을 꿀 까닭이 없기 때문입니다.

사나이가 그런 꿈을 꾼 것은 자신을 그만큼 억제하고 있다는 증거이므로 몹시 좋은 일인 것입니다.

마음에
바르는 약은 없다.

사람이 바꾸지 못하는 것

'나의 재산 전부를 아들에게 준다. 단, 아들이 진짜 바보가 되기 전에는 유산을 상속할 수 없다.'

한 남자가 위와 같은 유서를 써놓자 랍비가 찾아와 물었습니다.

"정말 납득할 수 없는 유서를 쓰셨군요. 당신의 아들이 진짜 바보가 되지 않는 한 재산을 주지 않겠다니 무엇 때문인가요?"

그러자 사나이는 갈대 하나를 입에 물고 괴상한 울음소리를 내면서 마루 위를 엉금엉금 기어 다니는 것이었습니다. 그것은 자기 아들에게 아이가 생겨 그 자식을 귀여워하게 되면, 자기 재산을 상속해준다는 뜻이었습니다. 여기에서 '어린 것이 태어나면 인간은 바보가 된다'는 속담이 생겨났습니다.

❋

사람이 바꾸고자 해도 안 되는 것이 하나 있다.

그것은 바로 자기 부모이다.

경찰과 군인과 선생님

위대한 랍비가 북쪽 마을을 살펴보기 위해 시찰관을 보냈습니다.

그 마을에 도착한 시찰관이 말했습니다.

"이 마을을 지키는 사람을 만나서 조사할 일이 있소."

마을 경찰서장이 앞으로 나서자 시찰관이 말했습니다.

"아니오. 우리가 만나려는 사람은 이 마을을 지키는 사람이오."

이번에는 수비대장이 나섰습니다.

그러자 시찰관은 이렇게 말했습니다.

"우리가 만나려는 사람은 경찰서장이나 수비대장이 아니라 학교 선생님이오. 경찰이나 군인은 마을을 파괴할 뿐이오. 진정으로 마을을 지키는 사람은 선생님이오."

🌀

국왕은 나라를 지배하지만

현명한 사람은 국왕을 지배한다.

현인이 되기까지

랍비가 하루는 이런 질문을 받았습니다.

"당신은 어떻게 현인이 되셨습니까?"

랍비가 대답했습니다.

"오늘날까지 식용유보다 등유를 사는 데 더 많은 돈을 썼기 때문이오."

🌀

사람은 책에서

가장 많은 지식을 얻는다.

혀의 힘

왕이 세상에서 아주 보기 드문 괴상한 중병이 걸렸습니다. 의사는 왕에게 사자의 젖을 마셔야 낫는다고 말했습니다. 하지만 사자의 젖을 어떻게 구하느냐가 문제였습니다. 그때 머리 좋은 사나이가 꾀를 하나 냈습니다. 그는 사자가 살고 있는 동굴 가까이 가서 새끼 사자를 한 마리씩 어미 사자에게 주었습니다. 열흘쯤 지나자 그는 어미 사자와 아주 친하게 되었고, 마침내 왕의 병을 고칠 사자의 젖을 조금 짜낼 수 있었습니다.

돌아오는 길에 잠깐 쉬다 선잠이 들었는데, 자기 몸의 각 부분이 서로 다투는 꿈을 꿨습니다. 신체 여러 부위가 서로 자기가 가장 중요하다고 주장했습니다. 발은 자기가 아니었다면 사자가 있는 동굴까지 도저히 가지 못했을 거라고 했습니다. 눈은 자기가 아니었다면 볼 수가 없어서 그곳까지 가지 못했을 거라고 했습니다. 심장은 자기가 아니었다면 감히 사자 가까이 가지 못했을 거라고 했습니다. 가만히 듣고 있던 혀가 말했습니다.

"아무리 그래봐야 내가 아니면 너희들은 아무 소용도 없게 될 거야."

그러자 신체의 각 부분이 일제히 나섰습니다.

"뼈도 없고 쓸모도 없는 조그만 것이 까불지 마!"

모두가 윽박지르는 바람에 혀는 입을 다물고 말았습니다. 사나이가 궁궐에 도착할 무렵, 혀가 이렇게 말했습니다.

"누가 제일 중요한지 너희들에게 알려주마."

사나이가 왕 앞에 나아가자 왕이 물었습니다.

"이게 무슨 젖이냐?"

그러자 사나이가 느닷없이 엉뚱한 대답을 했습니다.

"네, 이것은 개의 젖이옵니다."

조금 전까지 혀를 몰아세우던 신체 부위들은 혀의 힘이 얼마나 강한지를 깨닫고 모두 혀에게 사과했습니다. 그러자 혀가 말했습니다.

"아니옵니다. 제가 말씀을 잘못 드렸습니다. 이것은 틀림없는 사자의 젖이옵니다."

가장 중요한 부분일수록 자제력을 잃으면 엄청난 잘못을 저지르게 된다는 것을 일깨워주는 이야기입니다.

선생한테서 배우는 것보다 동료한테서 배우는 것이 많고,
학생한테서 배우는 것은 더욱 많다.

감사하는 마음

이 세상 최초의 인간은 빵 하나를 만들어 먹기 위해 엄청 많은 수
고를 해야 했습니다.

밭을 갈고, 씨앗을 뿌리고, 가꾸고, 수확하고, 빻아서 가루로 만들
고, 반죽하고, 굽고…. 적어도 15단계의 과정을 거치지 않으면 안
되었습니다.

그런데 지금은 어떻습니까?

돈만 내면 빵집에서 만들어놓은 빵을 사 올 수 있습니다.

옛날에는 혼자 해야 했던 15단계의 일을 여러 사람이 나누어 하기
때문입니다.

그러므로 빵을 먹을 때에는 많은 사람에게 감사하는 마음을 잊어
서는 안 되는 것입니다.

이 세상 최초의 인간은 자기 몸에 걸칠 옷 하나를 만들기 위해 엄
청 많은 수고를 해야 했습니다.

들에서 양을 키우고, 털을 깎고, 그 털로 실을 만들고, 그리고 옷감을 짜고, 그것을 다시 꿰매고….

그런데 지금은 어떻습니까?

돈만 내면 양복점에서 마음에 드는 옷을 살 수 있습니다.

옛날에는 혼자 해야 했던 많은 일을 여러 사람이 나누어서 하기 때문입니다.

그러므로 옷을 입을 때에는 많은 사람에게 감사하는 마음을 잊어서는 안 되는 것입니다.

부자는 고양이가 버터를 싫어하듯
남을 융숭하게 대접하는 것을
싫어한다.

조건 없는 선행

환자에게 문병을 가면, 그 환자의 병이 60분의 1쯤 낫는다고 합니다. 그렇다고 60명이 한꺼번에 문병을 간다 해서 환자의 병이 단번에 완쾌되는 것은 아닙니다.

죽은 사람의 무덤을 찾아가는 것은 가장 고상한 행위입니다. 문병한 것에 대해서는 환자가 나으면 당사자에게 감사를 받을 수 있지만, 죽은 사람에게서는 아무런 인사도 받을 수 없기 때문입니다. 요컨대 감사를 바라지 않고 베푸는 선행이야말로 아름다운 행위인 것입니다.

❋

마음이 연약한 자, 걸핏하면 화를 내는 자,
감상적인 자,
이 세 종류의 인간은
태양 없는 인생을 사는 것과 마찬가지다.

소수 의견

탈무드에는 장장 4개월이나 6개월, 때로는 7년이나 되는 오랜 세월 동안 어떤 문제에 대하여 사람들이 논의를 했다는 이야기가 많이 실려 있습니다.

그래도 그중에는 결론이 나지 않은 것들도 있습니다.

이런 이야기의 맨 끝에는 항상 '모른다'고 씌어져 있습니다.

이는 '모를 때에는 모른다고 말해야 한다'는 교훈을 가르쳐주기 위함입니다.

또한 결론이 내려졌을 때에는 반드시 소수의 의견도 아울러 소개합니다.

소수의 의견은 적어두지 않으면 사라져버리기 때문입니다.

🌀

무지가 판을 치는 곳에서는
뛰어난 지혜가 있더라도 아무런 쓸모가 없다.

마지막 맹세

유대인에게 어린이는 몹시 소중한 존재입니다. 하나님이 유대 민족에게 십계명을 내릴 때, 유대인들로부터 반드시 그것을 지키겠다는 맹세를 받으셨습니다.

유대인들은 그들의 위대한 조상인 아브라함과 이삭과 야곱의 이름을 걸고 반드시 십계명을 지키겠노라 맹세했습니다. 그런데도 하나님은 승낙하지 않았습니다. 그래서 이번엔 앞으로 벌어들일 모든 부를 걸고 맹세했습니다. 그래도 승낙하지 않았습니다. 다시 모든 철학자들의 이름을 걸고 맹세했습니다. 하지만 역시 승낙하지 않았습니다. 마지막으로, 자식들에게 반드시 십계명을 전해주겠다고 맹세하자 하나님은 비로소 승낙해주셨습니다.

몸은 깨끗이 씻을 수 있으나
마음만은 깨끗이 씻어낼 수가 없다.

강자와 약자

세상에는 약자이면서도 강자에게 두려움을 느끼게 하는 것이 네 가지 있습니다.

모기는 사자를 두렵게 하며, 거머리는 코끼리를 두렵게 하고, 파리는 전갈을 두렵게 하며, 거미는 매를 무서워합니다.

아무리 크고 힘이 센 것이라도 누구에게나 두려운 존재는 아닙니다.

또 아무리 약한 것이라도 경우에 따라서는 강한 것을 이길 수가 있습니다.

✿

불운은
행운과 한 발짝도 떨어져 있지 않지만,
행운은
불운과 백 발짝도 더 떨어져 있다.

눈으로 볼 수 없는 존재

한 로마인이 랍비에게 와서 이렇게 말했습니다.

"당신은 하나님 이야기만 하고 있는데, 도대체 그 하나님이 어디에 있지요? 어디에 있는지 가르쳐준다면, 나도 그 하나님을 믿겠소"

랍비는 이 악의에 찬 질문을 좋아하지 않았습니다. 랍비는 그 로마인을 밖으로 데리고 나가 태양을 가리키며 말했습니다.

"저 태양을 똑바로 쳐다보시오."

로마인은 태양을 한 번 쳐다보고는 이렇게 소리쳤습니다.

"바보 같은 소리 마시오! 어떻게 태양을 똑바로 쳐다볼 수 있단 거요."

그러자 랍비는 이렇게 말했습니다.

"하나님께서 만들어놓은 많은 것 중 하나인 태양조차 볼 수 없으면서 어떻게 위대하신 하나님을 눈으로 볼 수가 있단 말이오"

🌀

좋은 지혜는 보고 듣되 말하지 않는 것이다.

어떤 작별 인사

한 사나이가 오랫동안 여행을 계속하느라 몹시 지치고 목이 말랐습니다.

사나이는 겨우겨우 사막을 지나 오아시스에 이르렀습니다.

그는 나무 그늘에 앉아 쉬면서 굶주린 배를 과일로 채우고, 시원한 물을 들이켜 타는 목을 푼 다음 안도의 한숨을 길게 내쉬었습니다.

얼마 후, 사나이는 여행을 계속하기 위해 다시 길을 떠나야 했습니다.

그는 자신에게 그늘과 과일을 선사한 나무에게 감사하며 이렇게 작별 인사를 고했습니다.

"나무야, 정말 고맙다. 어떻게 고마움을 전해야 할지 모르겠구나. 맛있는 과일이 열리기를 빌고 싶지만 네 과일은 이미 충분히 맛있고, 시원한 그늘을 갖도록 빌고 싶지만 네 그늘은 이미 충분히 시원하고, 무럭무럭 자라도록 빌고 싶지만 너에게는 이미 충분한 물도 있구나. 그러니 내가 너를 위하여 빌 수 있는 것은 오직 더욱 많은 열매를 맺고, 그 열매가 많은 씨앗들이 되어 너와 똑같이 아름답고 훌륭한 나무로 자라도록 하는 것밖에 없구나."

작별을 하며 무엇인가를 빌고 싶을 때, 상대방이 더 현명해지기를 바라고 싶어도 이미 충분히 현명하고, 더 부자가 되기를 바라고 싶어도 이미 충분히 부유하고, 남에게 환영받는 사람이 되기를 바라고 싶어도 이미 충분히 선량한 사람일 때, 당신은 어떤 작별 인사를 하는 것이 좋을까?
"부디 당신의 아이들이 당신과 같은 훌륭한 사람이 되기를 빕니다."
이것이 가장 현명한 기원입니다.

🌀

어버이는
자식에게 무엇이든 줄 수 있으나
행복만은 마음대로 안 된다.

인간을 마지막 날에 만든 까닭은

성서에 의하면 이 세계는 엿새째 되는 날에 완성이 되었다고 합니다.

그런데 그 마지막 날인 엿새째 날에 이르러 만들어진 것이 바로 인간입니다.

이처럼 하나님이 인간을 마지막 날에 만든 까닭은 무엇일까요?

한 마리의 파리조차도 인간보다 먼저 만들어졌습니다.

이러한 사실을 생각한다면, 인간은 결코 오만해질 수가 없는 것입니다.

하나님께서 인간을 마지막 날에 만든 것은 자연에 대해 겸손한 마음을 가지라는 뜻입니다.

🌀

자신을 이기는 자는 강하고,

조그만 것에도 만족하는 자는 마음이 풍요롭다.

유대인의 조미료

어느 안식일 오후, 로마 황제가 자신과 친한 랍비의 집을 방문했습니다.

아무런 예고도 없이 갑자기 찾아갔지만, 황제는 거기서 매우 즐거운 시간을 보냈습니다.

음식은 매우 맛이 있었고, 사람들은 식탁에 둘러앉아 노래를 부르며 탈무드에 나오는 이야기를 했습니다.

황제는 몹시 기뻐하며 다음 주 수요일에도 또 오겠다고 말했습니다.

수요일이 되어 황제가 다시 왔습니다.

사람들은 제일 좋은 음식을 차려놓았고, 안식일이라 쉬었던 하인들도 모두 나와 시중을 들었습니다.

요리사가 없어 싸늘한 음식만 내놓았던 지난번과 달리 이번에는 따뜻한 음식이 많이 나왔습니다.

그런데도 황제는 이렇게 묻는 것이었습니다.

"음식은 저번 것이 더 맛있었네. 요리에 어떤 조미료를 넣었었지?"

랍비가 대답했습니다.

"아무리 로마 황제라고 할지라도 그 조미료를 구하시지는 못합니다."

황제가 뽐내며 말했습니다.

"아닐세. 로마 황제는 어떤 조미료라도 구할 수 있네."

랍비는 이렇게 말했습니다.

"폐하, 폐하께서 아무리 로마의 황제이시지만, 아무리 노력해도 구하시지 못할 것입니다. 그것은 바로 유대인의 안식일이라는 조미료니까요."

🌀

손가락이 없는 자는
주먹을 쥘 수가 없다.

솔로몬의 재판

안식일에 유대인 세 사람이 예루살렘으로 갔습니다. 당시엔 은행이 없었기 때문에 세 사람은 가지고 있던 돈을 어느 곳에 함께 묻었습니다.

그런데 그들 중 한 사람이 몰래 그곳으로 가서 그 돈을 모두 꺼내 갔습니다.

다음 날 세 사람은 솔로몬 왕에게 가서 세 사람 중 누가 그 돈을 훔쳤는지 판결해달라고 했습니다.

그러자 솔로몬왕은 이렇게 말했습니다.

"자네들은 아주 현명하니, 우선 내게 당면한 여러 문제를 먼저 해결해주게. 그러면 자네들 문제를 해결해주지."

솔로몬 왕은 이야기를 시작했습니다.

"한 처녀가 어떤 젊은이와 결혼하기로 약속을 했네. 그런데 얼마 후 그 처녀가 다른 사나이와 사랑에 빠졌네. 처녀는 약혼자를 찾아가 헤어지자고 제의했지. 약혼자에게 위자료를 지불해주겠다고 하면서 말이야. 젊은이는 위자료 같은 것은 필요 없다고 말하면서 처녀와의 약혼을 취소해주었네. 그런데 재산이 많던 그 처녀가 어떤 노인에게 유괴되었네. 처녀는 노인에게 말했네. '나는 약혼했던 남자와 파혼을 했어요. 내가 파혼을 제의하자 그는 위자료도 받지 않고 나를 해방시켜 주었어요. 그러니 당신도 그와 똑같이 해주세요.' 그랬더니 노인은 처녀의 말대로 몸값을 받지 않고 풀어주었네. 이들 중에서 가장 칭찬받을 행위를 한 사람은 누구겠는가?"

첫 번째 사나이가 말했습니다.
"그야 처녀와 약혼까지 하고서 파혼을 승낙해주고 위자료도 받지 않은 처음 남자가 칭찬을 받아야겠지요. 왜냐하면 그는 처녀의 의사를 존중했을 뿐만 아니라 위자료도 받지 않았기 때문입니다."

두 번째 사나이가 말했습니다.
"아닙니다. 그 처녀야말로 칭찬을 받아야 합니다. 용기를 가지고 약혼자에게 파혼을 신청했고, 진정 사랑하는 남자와 결혼을 했습니다. 처녀야말로 칭찬받을 만합니다."

세 번째 사나이가 말했습니다.

"이 이야기는 너무 뒤죽박죽이어서, 저는 도무지 영문을 알 수가 없습니다. 우선 처녀를 유괴한 노인만 해도 그렇습니다. 노인은 돈 때문에 처녀를 유괴한 것인데 대가도 받지 않고 풀어주다니, 아무리 생각해도 이야기가 되지 않습니다. 도무지 이해할 수가 없습니다."

그러자 솔로몬왕은 호통을 치며 말했습니다.
"이놈! 네가 돈을 훔친 도둑이다. 다른 두 사람은 이 이야기를 듣고 곧 애정이나 처녀와 약혼자 사이에 가로놓인 인간관계에 마음을 쓰는데, 너는 돈에 관한 생각만 하는구나. 틀림없이 네놈이 범인이다!"

✿

미쳐 움직이는 시계보다
멈추어 있는 시계 쪽이 낫다.

욕심쟁이 노인

어떤 상인이 도시로 물건을 사러 갔는데, 며칠 후에 할인 판매가 시작된다는 사실을 알고 그때까지 기다렸다가 구입하기로 했습니다.

많은 현금을 가지고 있던 그는 그때까지 돈을 몸에 지니고 있는 것이 불안했습니다.

그는 아무도 없는 곳으로 가서 그 돈을 전부 땅에 묻었습니다.

다음날 그곳으로 간 상인은 돈이 전부 없어졌다는 걸 알았습니다.

이리저리 생각을 더듬어보았지만 왜 돈이 없어졌는지 도무지 알 수가 없었습니다.

거기서 조금 떨어진 곳에 집이 하나 있었는데, 벽에 구멍이 뚫려 있는 게 보였습니다.

상인은 틀림없이 그 집에 사는 사람이 돈 묻는 것을 구멍으로 내다보고 꺼내 간 것이라고 생각했습니다.

상인은 그 집으로 가서, 그곳에 살고 있는 노인에게 이렇게 말했습니다.

"어르신께선 도시에 살고 계시니 영리하실 줄 압니다. 제게 지혜를 좀 빌려주십시오. 저는 물건을 사기 위해 지갑 두 개를 가지고 이 도시까지 왔습니다. 지갑 하나에는 은화 5백 개가 들어 있고, 다른 하나에는 은화 8백 개가 들어 있죠. 그 작은 지갑을 남몰래 어느 곳에다 묻어두었는데 나머지 큰 지갑도 땅속에 묻어두는 게 좋을까요, 아니면 믿을 만한 사람에게 맡겨두는 게 좋을까요?"

그러자 노인이 이렇게 대답했습니다.

"내가 당신이라면 다른 사람은 아무도 믿지 않겠소. 작은 지갑을 묻어둔 곳에 함께 묻어두겠소."

상인이 돌아가자 욕심쟁이 노인은 자기가 꺼내 온 지갑을 원래 있던 곳에 도로 묻어놓았습니다.

그 모습을 지켜본 상인은 자기 지갑을 무사히 찾을 수가 있었습니다.

❀

등불이 켜져 있는 동안에
기름을 보태라.

중용의 길

군대가 행진을 하고 있었습니다.

길 오른편에는 눈이 내리고 얼음이 깔려 있었습니다.

그리고 길 왼편은 불바다였습니다.

오른편으로 가면 얼어버리고 왼편으로 가면 불에 타버리는 상황에 놓인 것입니다.

그런데 그 중간 길은 따스함과 서늘함이 적당히 조화된 길이었습니다.

❀

술에 취해 죄를 범했다 하더라도

제정신이 들면 벌을 받아야 한다.

랍비 이야기 _ 요하난 벤 자카이

랍비 요하난은 유대 민족이 사상 최대의 정신적 위기에 부딪쳤을 때 크게 활약한 사람이다. 기원 후 70년, 로마인들이 유대의 성전을 파괴하고 유대인을 절멸시키려 할 당시 요하난은 온건한 방식으로 그들과 맞서려고 했다. 그래서 로마인들에게 격렬하게 항쟁할 것을 주장하는 사람들이 늘 그의 행동을 감시했다. 요하난은 유대 민족이 영원히 살아남기 위한 방도가 무엇인지 고민했다. 그 결과 로마의 실력자인 사령관과 협상을 하지 않으면 안 된다는 결론에 도달했다.

하지만 유대인들은 모두 예루살렘 성벽 안에 갇혀 있었기 때문에 출입이 전혀 불가능했다. 요하난은 한 가지 꾀를 생각해냈다. 그는 우선 거짓 환자 노릇을 했다. 워낙에 유명한 랍비인지라 많은 사람들이 그에게 병문안을 왔다. 이윽고 요하난이 소생하기 어렵다는 소문이 나돌았고, 얼마 뒤에는 그가 죽었다는 소문이 퍼졌다.

제자들은 그를 관 속에 넣었다. 그리고 예루살렘 성 안에는 묘지가 없었기 때문에 시체를 성 밖에다 매장하려 했다. 하지만 반대파들은 요하난이 죽었다는 사실을 믿지 않았다. 급기야 칼로 관에든 시체를 찔러보겠다고 했다. 유대인들에겐 시체를 직접 보지 않는 게 전통이었기 때문이다. 제자들은 돌아가신 분을 모독하는 행위라고 필사적으로 항의했다. 그리하여 그들은 마침내 로마군이 있는 곳으로 갈 수 있었다.

로마군이 있는 곳에 이르자 이번엔 그들이 칼로 관을 찔러보겠다고 했다. 제자들은 펄쩍 뛰었다.

"로마 황제가 죽었다 해도 칼로 관을 찌르겠는가? 더욱이 우리는 무장도 하고 있지 않다."

제자들의 주장이 유효하여 드디어 전선의 후방까지 나가는 데 성공했다.

관 속에서 나온 요하난은 사령관을 만나보길 청했다. 이윽고 로마 사령관 앞에 나가자 요하난은 그의 눈을 똑바로 바라보며 말했다.

"당신께 로마 황제에 버금가는 경의를 표합니다."

사령관은 자신의 황제를 모욕했다며 화를 냈다.

그러자 요하난이 단언했다.

"내 말을 믿으시오. 당신은 틀림없이 로마의 황제가 될 것입니다."

그러자 사령관은 정색을 하고 물었다.

"대체 내게 원하는 게 무엇이오?"

"한 가지 부탁이 있습니다. 학교를 하나만 만들어주십시오. 교실이 하나뿐이어도 좋습니다. 열 명의 랍비가 가르칠 수 있는 시설이면 됩니다. 그리고 어떤 일이 있어도 그 학교만은 파괴하지 말아주십시오."

요하난은 조만간 예루살렘이 로마군에게 점령될 거라는 사실을 알고 있었던 것이다. 모든 가옥이 파괴되고, 많은 유대인들이 학살당하리라는 것도 알고 있었다. 그러나 학교만 있으면 유대인의 전통만큼은 살아남을 수 있다고 확신했다.

요하난의 부탁은 대단한 청도 아니었다. 사령관은 그 자리에서 시원스럽게 대답했다.

"좋소, 약속하겠소."

얼마 후 로마 황제가 죽자 그 사령관이 황제가 되었다. 황제는 로마군에게 명령했다.

"그 작은 학교만은 남겨두라."

그 작은 학교에서 랍비들이 유대인의 지식과 전통을 가르쳤음은 물론이다.

요하난은 늘 이렇게 말하곤 했다.

"선한 마음을 지니는 것이 가장 큰 재산이다. 당신은 인간이다. 따라서 남편과 아내 사이, 나아가서는 국가와 국가 사이에 평화를 가져올 수 있다."

Talmud #3
격언

눈은 얼굴에서 가장 작은 부분이다.
그러면서도 입만큼이나 말을 하고, 격언이나 속담이 지니는
매력을 그대로 갖추고 있다.
탈무드는 유대인의 지혜가 응집된 보물창고이다.
이 보물창고에서 당신의 삶을 윤택하게 해줄
진주를 찾으라.

인간의 심장

♣ 인간은 심장(마음) 가까이에 젖이 있다. 동물들은 심장에서 먼 곳에 젖이 있다. 이것은 하나님의 깊은 배려이다.

♣ 휴일이 인간에게 주어진 것이지 인간이 휴일에게 주어진 것은 아니다.

♣ 백성들의 소리는 하나님의 소리이다.

♣ 하나님은 이렇게 말씀하셨다.

"나에게는 네 아이가 있으며, 그대들에게도 네 아이가 있다. 그대들의 네 아이는 곧 아들과 딸과 하인과 하녀요, 나의 네 아이는 곧 과부와 고아와 나그네와 랍비이다. 내가 그대들의 네 아이들을 보살펴주고 있으니, 그대들은 나의 네 아이들을 보살펴주기 바란다."

세 가지 이름

♣ 반성하는 이가 서 있는 땅은 가장 위대한 랍비가 서 있는 땅보다 거룩하다.

♣ 세계는 진실과 도덕과 평화의 세 바탕 위에 서 있다.

♣ 남들의 가벼운 종기는 마음에 걸리면서도, 자기 자신의 깊은 병은 보지 못한다.

♣ 거짓말쟁이가 받는 가장 큰 벌은, 그가 진실을 말했을 때에 사람들이 믿어주지 않는 것이다.

♣ 인간은 20년 동안이나 배운 것을 단 2년 동안에 잊어버릴 수가 있다.

♣ 사람에게는 세 가지 이름이 있다. 태어났을 때 부모가 지어준 이름, 친구들이 우정을 담아 부르는 이름, 그리고 생애가 끝날 때까지 얻는 명성이 그것이다.

명예와 수치

♣ 환경에 따라 인간의 명예가 높아지는 것이 아니라, 인간이 자신의 환경인 명예를 높이는 것이다.

♣ 온 인류는 오직 한 조상(아담)밖에 가지고 있지 않다. 따라서 어떤 인간이 다른 인간보다 우위에 있다는 것은 있을 수 없다.

♣ 당신이 만일 한 인간을 죽였다면, 그것은 곧 온 인류를 죽인 것과 같다. 그리고 당신이 만일 한 인간의 생명을 구해주었다면, 그것은 곧 온 인류의 운명을 구한 것과 같다. 왜냐하면 세상은 한 인간에 의해서 시작되었으므로 만일 그 최초의 인간을 죽였다면 오늘날 인류는 존재하지 않을 것이기 때문이다.

♣ 어떤 사람은 젊은데도 늙었고, 어떤 사람은 늙었는데도 젊다.

♣ 수치를 모르는 것과 자부심은 형제간이다.

진실의 무게

♣ 하루를 공부하지 않으면 그것을 만회하는 데 이틀이 걸리고, 이틀을 공부하지 않으면 그것을 만회하는 데 나흘이 걸리고, 일 년을 공부하지 않는다면 그것을 만회하는 데 이 년이 걸린다.

♣ 바탕이 나쁜 사람은 이웃 사람의 수입에는 신경을 쓰면서 자신의 낭비에는 마음에 두지 않는다.

♣ 눈이 보지 못하는 것보다 마음이 보지 못하는 것이 더 무섭다.

♣ 진실은 무겁다 그래서 젊은 사람들만이 그것을 지고 갈 수 있다.

♣ 자신의 결점을 찾고 있는 사람의 눈에는 다른 사람의 결점이 보이지 않는다.

배고픈 사람

♣ 만나는 사람 모두에게 무엇인가를 배울 수 있는 사람은 이 세상에서 가장 현명한 사람이다.

♣ 강한 사람 : 스스로 자신을 억제할 수 있는 사람. 적을 친구로 바꿀 수 있는 사람.

♣ 풍족한 사람 : 자기가 가지고 있는 것에 만족할 줄 아는 사람.

♣ 남을 칭찬할 수 있는 사람이야말로 칭찬받아야 할 사람이다.

♣ 요령이 좋은 인간과 현명한 인간의 차이 : 요령이 좋은 인간이란, 현명한 사람이라면 절대로 빠지지 아니할 어려운 상황을 잘 빠져나가는 사람이다.

♣ 음식을 하찮게 여기는 인간은 배고픈 자가 아니다.

사람을 평가하는 세 가지 기준

1. 키소 : 돈을 넣는 주머니.

2. 코소 : 술을 마시는 잔.

3. 카소 : 화를 내는 것.

유대인들은 돈을 어떻게 쓰느냐, 술을 어떻게 마시느냐, 인내력이 강한가 약한가에 따라 사람을 평가한다.

인간의 네 가지 유형

1. 내 것은 내 것이고 네 것은 네 것이라는 사람 : 일반적인 유형.

2. 내 것은 네 것이고 네 것은 내 것이라는 사람 : 변태적인 사람.

3. 내 것도 네 것이고 네 것도 네 것이라는 사람 : 정의감이 강한 사람.

4. 내 것도 내 것이고 네 것도 내 것이라는 사람 : 나쁜 사람.

현인을 대하는 세 가지 유형

1. 스펀지형 : 무조건 무엇이나 흡수하려 한다.

2. 터널형 : 한 귀로 듣고 한 귀로 흘려버린다.

3. 어레미형 : 중요한 것과 그렇지 않은 것을 선별하여 듣는다.

현인이 되는 일곱 가지 조건

1. 당신보다 현명한 사람이 있을 때에는 침묵하라.

2. 남의 이야기를 중단시키지 말라.

3. 대답할 때 덤벙대지 말라.

4. 항상 핵심을 찌르는 질문을 하고 조리 있게 대답하라.

5. 먼저 해야 할 것부터 하고, 나중에 해도 되는 것은 마지막에 하라.

6. 모르는 것을 솔직히 인정하라.

7. 진실을 인정하라.

Talmud 089

친구에 대하여

♣ 아내를 선택할 때에는 한 계단 내려가고, 친구를 선택할 때에는 한 계단 올라가라.

♣ 친구가 화났을 때에는 달래려 하지 말고, 슬퍼하고 있을 때에는 위로하려 하지 마라.

♣ 인간에겐 세 가지 벗이 있다. 자식과 부와 선행이 그것이다.

♣ 친구가 야채를 가지고 있거든 그에게 고기를 주어라.

♣ 친구가 꿀처럼 달더라도, 그것을 전부 핥아먹어서는 안 된다.

여자에 대하여

♣ 어떤 남자도 여자의 교묘한 아름다움에는 저항하지 못한다.

♣ 여자가 질투를 하는 데에는 한 가지 원인밖에 없다.

♣ 여자는 자기 외모를 가장 소중하게 여긴다.

♣ 여자는 남자보다 육감이 빠르다.

♣ 여자는 불합리한 신앙에 빠지기 쉽다.

♣ 여자가 술을 한 잔 마시는 것은 매우 좋은 일이다. 그런데 두 잔 마시면 품위를 잃고, 석 잔 마시면 부도덕하게 되고, 넉 잔 마시면 자멸한다.

♣ 불순한 동기에서 생겨나는 애정은 그 동기가 사라지면 곧 식어 버린다.

♣ 사랑에 빠진 자는 다른 사람의 충고에 귀를 기울이지 않는다.

♣ 정열 때문에 결혼하지만 정열은 결혼보다 오래가지 못한다.

남편과 아내

♣ 하나님이 최초로 만든 남자는 양성을 겸하고 있었다. 그래서 남자의 몸에도 여성 호르몬이 흐르고, 여자의 몸에도 남성 호르몬이 흐르는 것이다.

♣ 남자가 여자에게 이끌리는 것은 하나님이 남자의 갈비뼈를 빼서 여자를 만들었으므로, 남자가 그 잃어버린 것을 되찾으려 하기 때문이다.

♣ 모든 병 중에서 마음의 병보다 괴로운 것은 없고, 모든 악 중에서 악처보다 나쁜 것은 없다.

♣ 세상에서 다른 것으로 바꿔놓을 수 없는 것 : 젊었을 때 결혼하여 함께 살아온 늙은 마누라.

♣ 아내를 고를 때에는 겁쟁이가 되어라.

♣ 여자를 만나보지도 않고서 결혼해서는 안 된다.

어떻게 키울 것인가

♣ 자식들을 키울 때 차별하지 말라.

♣ 자식들이 어릴 때는 엄하게 꾸짖고, 자란 후엔 꾸짖지 마라.

♣ 자식들은 엄하게 가르쳐야 하지만, 주눅 들게 해서는 안 된다.

♣ 자식을 꾸짖을 때는 한 번만 따끔하게 꾸짖어라. 질질 끌면서 꾸짖어서는 안 된다.

♣ 아이와 어떤 약속을 하거든 꼭 지켜라. 약속을 지키지 못하면, 아이에게 거짓말을 가르친 것과 같다.

♣ 가정에서 부도덕한 짓을 하는 것은 마치 과일에 벌레가 붙은 것과 같다. 모르는 사이에 다 파먹는다.

Talmud 093

좋은 술과 나쁜 술

♣ 술이 머리로 들어가면 비밀이 밖으로 새어 나온다.

♣ 시중드는 사람의 태도가 공손하면 어떤 술이라도 좋은 술이 된다.

♣ 악마가 너무 바빠 사람들을 찾아다니지 못할 때 그 대리인으로 술을 보낸다.

♣ 포도주는 오래되면 오래될수록 맛이 좋아진다. 지혜도 마찬가지이다. 해가 거듭될수록 깊어진다.

♣ 아침에 늦잠 자고, 낮에 술 마시고, 저녁에 쓸데없는 이야기를 하는 것 : 일생을 가장 알기 쉽게 낭비하는 길.

♣ 포도주는 금이나 은그릇에서는 잘 익지 않지만, 지혜로 만든 그릇 속에서는 아주 잘 익는다.

가정에 대하여

♣ 이 세상에서 가장 행복한 인간은 누구인가? 그것은 선량한 아내를 얻은 사나이이다.

♣ 남자는 결혼하면 죄가 늘어간다.

♣ 아내를 까닭 없이 괴롭히지 말라. 하나님은 아내들의 눈물방울을 세고 계신다.

♣ 자녀는 아버지가 다른 사람과 논쟁하고 있을 때, 다른 사람의 편을 들어서는 안 된다.

♣ 자식이 아버지를 존경하고 아버지에게 순종하는 것은 아버지가 그들을 위하여 먹을 것을 구해오고, 의복을 제공해주기 때문이다.

돈에 대하여

♣ 사람의 마음을 상하게 하는 것이 세 가지 있다. 고민과 불화와 빈 돈주머니이다. 그중에서도 빈 돈주머니가 가장 크게 마음을 상하게 한다.

♣ 육체의 모든 부분은 마음에 의존하고, 마음은 돈주머니에 의존한다.

♣ 돈은 악도 아니고 저주도 아니다. 돈은 사람을 축복해주는 물건이다.

♣ 돈은 하나님이 보내는 선물을 살 기회를 준다.

♣ 돈을 빌려준 사람에게 화내는 사람은 없다.

♣ 부는 요새이고 빈곤은 폐허이다.

♣ 돈이나 물건은 거저 주는 것보다 빌려주는 것이 낫다. 거저 주면 받는 사람이 준 사람보다 밑에 있어야 하지만 빌려주면 대등한 입장에 설 수 있기 때문이다.

가르침이란 무엇인가

♣ 자신을 아는 것이 가장 큰 지혜이다.

♣ 의사의 충고를 듣는다 하여 의사에게 돈을 지불할 필요는 없다.

♣ 값비싼 진주를 찾는 데에 싸구려 양초가 사용된다.

♣ 가난한 자의 아들은 찬양받을지어다. 그들은 인류에게 지혜를 가져다준다.

♣ 기억을 증진시키는 가장 좋은 약은 감탄하는 일이다.

♣ 학교가 없는 마을에서는 살 수 없다.

♣ 고양이로부터 겸허함을, 개미로부터 정직함을, 비둘기로부터 절개를, 수탉으로부터 재산 관리를 배울 수 있다.

♣ 어린이를 가르친다는 것은 어떤 것일까? 그것은 백지에 무엇을 쓰는 것과 같다. 노인을 가르친다는 것은 어떤 것일까? 그것은 이미 글자가 가득 씌어 있는 종이에 여백을 찾아 써 넣으라는 것과 같다.

악에 대한 충동

♣ 악에 대한 충동은 구리와 같아서 불 속에 있을 때에는 어떤 모양으로도 만들 수가 있다.

♣ 인간에게 악에 대한 충동이 없다면 집도 세우지 않고, 아내도 얻지 않고, 아이도 낳지 않고, 일도 하지 않을 것이다.

♣ 악에 대한 충동에 사로잡히거든 그것을 쫓아내기 위하여 무엇인가를 배우기 시작하라.

♣ 다른 사람들보다 뛰어난 사람은 악에 대한 충동도 그만큼 강하다.

야다 (YADA)의 참뜻

♣ '야다'라는 말은 히브리어로 '섹스'라는 뜻이다. 동시에 야다는 '상대방을 안다'는 뜻이기도 하다. 예를 들면 성서에서 "아담은 이브를 알고서 아이를 낳았다."고 했는데, 여기서 '알고'라는 말은 성관계를 가졌다는 뜻도 포함하고 있다.

♣ 섹스는 창조 행위다. 이것 없이는 자기완성을 얻을 수 없다.

♣ 섹스는 단 한 사람의 상대하고만 해야 한다.

♣ 섹스는 아주 개인적인 관계로 이루어져야 하며, 몹시 친근한 분위기 속에서 행해져야 한다.

♣ 자신을 억제할 수 없을 것 같은 경우에는 성행위를 해서는 안 된다.

♣ 아내의 동의 없이 아내와 관계를 가져서는 안 된다. 아내가 생각이 없는데 남편 마음대로 관계하는 것은 금해야 한다.

죄에 대한 정의

♣ 세상에는 올바른 일만을 하는 사람은 있을 수가 없다. 반드시 악한 일도 하고 있다.

♣ 악에 대한 충동은 처음에는 매우 달콤하다. 그러나 끝났을 때에는 몹시 쓰다.

♣ 인간 속의 악을 행하려는 충동은 열세 살이 되면서부터 차츰 선에 대한 충동보다 강해진다.

♣ 죄는 처음에는 여자처럼 약하지만 내버려 두면 남자처럼 강해진다.

♣ 죄는 처음엔 거미줄처럼 가냘프다. 그러나 마지막엔 배를 잡아매는 밧줄처럼 강해진다.

♣ 죄는 처음엔 손님처럼 겸손하다. 그런데 내버려 두면 주인을 내쫓고 주인이 된다.

험담에 대하여

♣ 남의 험담을 하는 것은 살인보다도 더 위험하다. 살인은 한 사람밖에 죽이지 않지만 험담은 반드시 세 사람을 죽이기 때문이다. 험담을 하는 사람 자신과 그 험담을 만류하지 않고 듣고 있는 사람, 그리고 그 험담의 대상이다.

♣ 남을 중상하는 자는 흉기로 사람을 해치는 것보다 죄가 무겁다. 흉기는 가까이 있는 상대밖에 해치지 못하지만 중상은 멀리 있는 사람마저 해치기 때문이다.

♣ 타고 있는 장작은 물을 끼얹으면 속까지 식지만 중상을 받아 화가 난 사람에겐 아무리 빌어도 마음속의 노여움을 끌 수 없다.

♣ 마음이 아무리 선하더라도 입이 악한 인간은 마치 훌륭한 궁전 옆에 악취가 심한 가죽공장이 있는 것과 같다.

♣ 손가락을 자유롭게 움직일 수 있는 것은 남의 험담을 듣지 않기 위해서이다. 험담이 들어오거든 급히 귀를 막아라.

♣ 물고기는 언제나 입으로 낚이며, 인간도 언제나 입으로 걸려든다.

판사의 자격

♣ 판사는 겸허하고, 언제나 선행을 쌓고, 정확한 결정을 내릴 수 있고, 지금까지의 경력이 깨끗한 사람이어야만 한다.

♣ 극형을 언도하기 전, 판사는 자신의 목에 칼이 꽂히는 듯한 심정을 지녀야 한다.

♣ 판사는 반드시 진실과 평화 두 가지를 추구하지 않으면 안 된다. 진실만을 쫓는다면 평화는 깨진다. 그러므로 진실도 잃지 않고 평화도 지킬 수 있는 길을 찾아야 한다. 그것은 바로 타협이다.

좋은 항아리

♣ 고양이와 쥐는 먹이를 함께 먹는 동안에는 싸우지 않는다.

♣ 여우의 머리가 되기보다는 사자의 꼬리가 되어라.

♣ 동물은 자기와 같은 종류의 동물하고만 어울려 생활한다. 늑대는 결코 양과 어울리는 일이 없고, 하이에나와 개는 절대로 함께 지내지 않는다. 부자와 가난한 사람도 이와 마찬가지이다.

♣ 향수 가게에 들어가면 향수를 사지 않고 나와도 몸에서 향수 냄새가 난다. 피혁 가게에 들어가면 가죽을 사지 않고 나와도 고약한 냄새가 몸에 밴다.

♣ 칼을 들고 일어서는 사람은 책을 들고 일어서지 못하고, 책을 들고 일어서는 사람은 칼을 들고 일어서지 못한다.

♣ 선행에 대해 마음의 문을 닫아버리는 자는 의사를 맞아들일 문을 열게 된다.

♣ 좋은 항아리를 가지고 있거든 그날 안으로 사용하라. 내일까지 두면 깨져버릴지도 모른다.

Talmud 103
명성의 노예

♣ 올바른 사람은 자신의 욕망을 지배하지만 옳지 못한 사람은 자신의 욕망에 지배당한다.

♣ 남의 자비로 살기보다는 가난한 생활을 하는 편이 낫다.

♣ 남 앞에서 부끄러워하는 사람과 자기 앞에서 부끄러워하는 사람과는 큰 차이가 있다.

♣ 세상에는 정도를 지나치면 안 되는 것이 여덟 가지 있다. 여행, 여자, 돈, 일, 술, 잠, 약, 조미료이다.

♣ 세상에는 지나치게 사용해서는 안 되는 것이 세 가지 있다. 빵 만들 때 쓰는 이스트와 소금과 망설임이다.

♣ 동전 하나가 들어 있는 항아리는 소리를 시끄럽게 내지만 동전이 가득 담긴 항아리는 소리를 내지 않는다.

♣ 전당포에서 미망인과 어린이의 소유물을 받아서는 안 된다.

♣ 명성을 추구하려는 자는 명성을 붙잡지 못한다. 그러나 명성을 피해서 도망가려는 자는 명성에게 붙잡힌다.

인간의 몸

♣ 물건을 훔치지 않은 도둑은 자기를 정직하다고 생각한다.

♣ 결혼의 목적은 기쁨, 조객의 목적은 침묵, 강의의 목적은 듣는 것, 방문의 목적은 제시간에 도착하는 것, 가르치는 목적은 집중, 단식의 목적은 남은 돈으로 자선을 하는 것.

♣ 인간의 몸에는 여섯 개의 소용되는 부분이 있다. 그중에서 셋은 자신이 지배할 수 없지만 셋은 자신의 힘으로 마음대로 할 수 있다. 전자는 눈과 귀와 코이고, 후자는 입과 손과 발이다.

♣ 당신의 혀에게 "나는 모른다."는 말을 열심히 가르쳐라

♣ 장미꽃은 가시 틈에서 자란다.

♣ 공짜로 처방을 써주는 의사의 충고는 듣지 말라.

♣ 항아리를 보지 말고 그 속에 무엇이 들어 있는가를 보라.

축복받은 세상

♣ 나무는 열매로 평가되고, 사람은 그가 하는 일로 평가된다.

♣ 열리기 시작한 오이를 보고는 그것이 장차 맛있게 될지 어떨지 알 수가 없다.

♣ 행동은 말보다도 그 목소리가 크다.

♣ 사람들에게서 칭찬받는 것은 좋지만 자기 입으로 자기를 칭찬하지는 마라.

♣ 훌륭한 사람이 아랫사람의 말을 듣고, 노인이 젊은이의 말에 귀를 기울이는 세상은 축복받을 것이다.

♣ 사람을 빨리 늙게 하는 세 가지 원인 : 공포, 자녀, 악처.

♣ 사람의 마음을 가라앉혀주는 세 가지 요소 : 명곡, 조용한 풍경, 좋은 향기.

♣ 사람에게 자신감을 갖게 하는 세 가지 요소 : 좋은 가정, 좋은 아내, 좋은 의복.

자선의 네 가지 유형

1. 자신은 자진해서 돈이나 물품을 남에게 주지만, 다른 사람이 자기와 같이 돈이나 물품을 내놓는 것은 좋아하지 않는다.
2. 다른 사람이 자선을 베풀길 바라면서도 자기는 자선을 베풀려 하지 않는다.
3. 자기도 기꺼이 자선을 베풀고, 남들도 자선 베풀기를 바란다.
4. 자기도 자선 베풀기를 싫어하고, 다른 사람이 자선 베푸는 것도 싫어한다.

첫 번째 유형은 질투가 많은 사람이고, 두 번째 유형은 자기를 저하시키는 사람이며, 세 번째 유형은 선량한 사람이고, 네 번째 유형은 완전한 악인이다.

하나님이 칭찬해주는 세 사람

1. 가난하면서도 주운 물건을 주인에게 돌려주는 사람.

2. 부자이면서 자기 수입의 10퍼센트를 남몰래 가난한 사람에게 나누어주는 사람.

3. 도시에 살고 있는 독신자로서 간음하지 않는 사람.

목숨을 버려야 할 때

자기 보존은 모든 것에 우선한다.

그러나 다음의 세 가지 경우에는 자기를 희생시켜 목숨을 버리는 편이 낫다.

1. 다른 사람을 죽이게 될 때.
2. 불륜 관계를 갖게 될 때.
3. 근친상간하게 될 때.

맛있는 과일에는

♣ 맛있는 과일에는 벌레가 더 꼬이듯 재산이 많으면 근심도 많고, 여자가 많으면 잔소리도 많다.

♣ 하녀가 많으면 풍기가 문란하고, 하인이 많으면 도둑도 많이 맞는다.

♣ 스승보다 많이 배우면 인생도 풍부해지고, 명상을 많이 하면 지혜도 많아진다.

♣ 사람들을 만나 유익한 말을 들으면 길이 열리고, 자선을 많이 베풀면 큰 평화가 찾아온다.

하지 마라

♣ 벌거숭이가 되지 마라, 남들이 모두 옷을 입고 있을 때에는.

♣ 옷을 입지 마라, 남들이 모두 벌거숭이일 때에는.

♣ 서 있지 마라, 남들이 모두 앉아 있을 때에는,

♣ 앉아 있지 마라, 남들이 모두 서 있을 때에는.

♣ 웃지 마라, 남들이 모두 울고 있을 때에는,

♣ 울지 마라, 남들이 모두 웃고 있을 때에는.

랍비 이야기 _아키바

아키바는 탈무드에 나오는 인물 중에서도 가장 존경받는 랍비이
자 유대 민족의 영웅이기도 하다. 그는 젊은 시절 큰 부잣집에서
양치기로 일했다. 그러던 중 그 집 딸과 사랑하는 사이가 되어 그
녀 아버지의 반대를 무릅쓰고 결혼했다. 딸은 집에서 내쫓기는 신
세가 되었다.

아키바는 집이 가난해서 학교에 다니지 못했다. 그래서 읽고 쓰기
를 제대로 하지 못했다.

그의 아내는 남편에게 말했다.

"꼭 한 가지 청이 있습니다. 제발 공부를 하세요."

아키바는 늦게나마 어린아이들과 함께 학교에 다니게 되었다. 그
런데 13년 동안의 학교 공부를 마치고 돌아왔을 때, 그는 이미 당
대의 우수한 학자로 손꼽히는 존재가 되어 있었다.

그는 최초의 탈무드 편집자가 되었으며, 또 의학과 천문학에 조예
가 깊고 외국어를 잘해서 유대인의 사절로서 여러 차례 로마를 방

문하기도 했다.

그리고 기원 후 132년, 유대인이 로마의 지배에서 벗어나기 위해 반란을 일으켰을 때 유대 민족의 정신적인 지도자가 되었다. 반란을 진압한 후, 로마군은 학문을 연구하는 유대인은 누구나 사형에 처한다고 공표했다. 유대인은 학문을 통해 참다운 유대인이 된다는 사실을 알고 있었기 때문이다.

이때 아키바는 다음과 같은 이야기를 했다.

어느 날 여우가 시냇가를 걷고 있자니 물고기가 다급하게 헤엄쳐 다니는 게 보였다.

"왜 그렇게 돌아다니고 있는 거지?"

여우가 묻자 물고기가 대답했다.

"우리를 잡으러 올 그물이 무서워서 그래요."

"그럼 이리로 나오렴. 언덕으로 올라오면 내가 지켜줄게. 나하고 있으면 안심해도 될 거야."

"여우 아저씨, 당신은 머리가 꽤 좋다고들 하던데, 이제 보니 정말 바보로군요. 이제까지 죽 살아온 물속에서도 이렇게 두려움에 떨고 있는데, 언덕으로 올라가면 무슨 변을 당할지 어떻게 알겠어요?"

요컨대 유대인에게 학문은 물과 같은 것이라는 뜻이다. 물고기가 물을 떠나 언덕으로 올라가면 죽는 것처럼 유대인은 어떻게 해서

든지 배우지 않으면 안 된다고 가르친 것이다.

결국 아키바는 로마인들에게 체포되어 감옥에 갇혔다. 그리고 로마로 끌려가 처형을 당하게 되었다.

로마인들은 그를 십자가에 매달아 죽이는 건 너무 평이하다고 생각했다. 그래서 고통스럽게 죽어가도록 불에 달군 인두로 온몸을 지지기로 했다.

이 유대인의 지도자를 처형하는 날, 로마의 사령관이 현장에 입회했다. 마침 해가 동녘에 떠올라 아침 기도를 시작할 시간이었다. 시뻘겋게 달군 인두로 몸을 지지는데도 아키바는 아침 기도문을 외우기 시작했다.

이 광경을 본 로마의 사령관은 너무 놀라 아키바에게 물었다.

"이렇게 심한 고통을 받으면서도 기도를 할 수 있는가?"

그러자 아키바가 대답했다.

"나는 하나님을 사랑하기 때문에 아침 기도는 절대 빠뜨리지 않는다. 그런데 지금 이렇게 죽임을 당하면서도 기도하는 나 자신에게서 내가 진정으로 하나님을 사랑하고 있다는 사실을 발견하게 되어 정말 기쁘다."

조용히 말을 마친 랍비 아키바는 서서히 숨을 거두었다.

물이란 본디 산 정상에 머물지 않고
계곡을 따라 흘러가는 법이다.
이처럼 진정한 미덕은
다른 사람보다 높아지려고 하는 사람에게는
머무르지 않으며
겸손하고 낮아지려는 사람에게만 머무는 법이다.

Talmud #4

희망

*
**

머리는 모든 행동의 총사령부이다.

탈무드 안의 일화나 격언은 읽기만 해서는 아무런

의미가 없다.

머리를 써서 생각할 때 비로소 탈무드의 가르침이

가치를 지니게 된다.

세상에서 가장 강한 것

세상에는 강한 것이 열두 가지 있습니다.

강한 것으로는 우선 돌을 들 수 있습니다.

그런데 돌은 쇠에 깎입니다.

그리고 쇠는 불에 녹습니다.

불은 물에 의해 꺼지며, 물은 구름에 흡수되고, 구름은 바람에 날립니다. 그러나 바람은 인간을 날려 보내지 못합니다.

하지만 어떤 인간도 심한 괴로움에는 견디지를 못합니다.

괴로움은 술을 마시면 사라지고, 술기운은 잠을 자고 나면 없어지며, 잠은 죽은 만큼 길지 못합니다.

하지만 사랑하는 마음은 죽음마저도 두려워하지 않습니다.

🌀

인간은 어두워지면

빛을 갖고 싶어 한다.

진정 축복해줘야 할 때는

항구에 화물을 가득 실은 배 두 척이 떠 있었습니다. 한 척은 막 출항하려 하고, 또 한 척은 막 입항하는 중이었습니다. 그런데 사람들은 배가 떠날 때는 성대하게 전송하지만 들어올 때는 그러지 않습니다. 이는 몹시 어리석은 관습입니다. 떠나가는 배의 미래는 알 수가 없습니다. 풍랑을 만나 가라앉을지도 모릅니다. 따라서 오랜 항해를 마치고 무사히 돌아오는 것이야말로 커다란 기쁨입니다.

인생도 마찬가지입니다. 어린아이는 이제 막 인생이라는 큰 바다로 출항하는 것과 같습니다. 그의 앞길에 어떤 일이 일어날지 알 수가 없습니다. 영원한 잠에 들어갈 때 인간은 평생 어떤 일을 해왔는지가 드러납니다. 그러므로 사람을 진정 축복해주어야 할 때는 바로 그가 죽음을 맞을 때인 것입니다.

※

어떤 오르막길도 마지막에는 내리막길로 이어진다.

윗사람의 도리

탈무드에서는 하인이나 노예도 주인들과 똑같은 음식을 먹어야 한다고 가르칩니다. 주인이 방석에 앉으려면, 하인에게도 똑같은 방석을 주어야 합니다. 잘난 사람이라고 해서 높은 자리에 앉아서는 안 됩니다. 이스라엘에 갔을 때, 전선에 나가 있는 부대장의 초대를 받아 함께 식사를 한 적이 있습니다. 그런데 당번 사병이 맥주를 가져오자 부대장이 이렇게 묻는 것이었습니다.

"사병들 마실 것도 있는가?"

"아닙니다. 오늘은 맥주 남은 것이 적어서 여기만 들여왔습니다."

"그렇다면 오늘은 나도 마시지 않겠네."

이것이 유대인들의 전통적인 사고방식입니다.

🌀

인간은 말처럼 내달린다.

그런데 고삐는 신이 쥐고 있다.

Talmud 115

말의 값

장터에서 말을 산 농부가 집으로 돌아가다가 갑자기 폭풍을 만났습니다.

그러자 말은 폭풍의 위력에 겁을 내어 꼼짝도 하려고 하지 않았습니다.

난처해진 농부가 하나님께 빌었습니다.

"오, 하나님. 제발 무사히 돌아갈 수 있도록 폭풍을 멎게 해주십시오. 제 소원을 들어주신다면 이 말을 팔아서 그 돈을 모두 하나님을 위해 쓰겠습니다."

그의 간절함이 하나님께 전달이 되었는지 잠시 후 폭풍이 멎었습니다.

농부는 하나님과 한 약속을 지켜야 했으므로 말을 몰아 다시 장터로 갔습니다.

그런데 그의 왼손에는 닭 한 마리가 들려 있었습니다.

그것을 본 한 남자가 다가와서 물었습니다.

"여보시오, 그 닭을 팔겠소?"

농부가 대답했습니다.

"그렇소이다. 그런데 이 말하고 함께 사는 사람에게만 이것을 팔 것이오."

다시 남자가 물었습니다.

"그럼 합해서 얼마에 팔겠소?"

농부가 답했습니다.

"닭은 50루블이고, 말은 1루블이오."

❀

인간은 태어날 때 세상이 자기 것이라며
두 주먹을 쥐고 나온다.
그리고 죽을 때는 가지고 갈 게 아무것도 없다며
두 손을 펴 보인다.

유대인의 도덕

인간은 누구나 죄를 저지릅니다. 그래서 유대의 가르침에는 동양의 도덕처럼 엄격하고 긴장된 분위기는 없습니다.

유대인들은 죄를 범해도 역시 유대인입니다. 유대인들은 원래는 죄를 지을 까닭이 없는데 우연히 범했을 뿐이라고 생각합니다. 또한 죄에 대한 용서를 빌 때 '나'라고 말하지 않고 반드시 '우리'라고 말합니다. 그것은 모든 유대인은 한 가족이기 때문입니다. 결국 한 사람이 죄를 지어도 모든 유대인이 죄를 범한 것이나 마찬가지인 것입니다. 그래서 유대인은 설혹 자기가 물건을 훔치지 않았더라도 누군가가 물건을 도둑맞은 사실 자체에 대하여 하나님께 용서를 빌어야 합니다. 자기 선행이 모자라서 다른 사람이 도둑질을 하게 되었다고 생각하기 때문입니다.

신은 오른손으로 시험하시고, 왼손으로 구제하신다.

인생의 진리

인간은 태어날 때에는 주먹을 쥐고 있지만, 죽을 때에는 주먹을 폅니다.

왜 그럴까요?

태어날 때에는 세상의 모든 것을 움켜쥐려 하기 때문이고, 죽을 때에는 모든 것을 뒤에 남은 사람에게 주고서 아무것도 가지고 가지 않기 때문입니다.

🌀

누구는 살기를 바라나 살 수가 없고,

누구는 살 수 있어도

살기를 바라지 않는다.

아버지와 선생님

유대인 가정에서는 아버지가 반드시 아들에게 탈무드를 가르칩니다. 하지만 아버지가 너무 성급하거나 엄격하면 아이들은 아버지를 무서워한 나머지 공부할 마음의 여유를 잃고 맙니다.

히브리어의 '아버지'라는 말에는 '교사'라는 뜻도 있습니다. 가톨릭 신부를 영어로 'father'라 부르는 까닭도 이 단어가 히브리어의 개념을 갖고 있기 때문입니다.

유대 사회에서는 자기 아버지보다 선생님을 더 소중히 생각합니다. 아버지와 선생님이 감옥에 갇혀 있는데 둘 중 한 사람밖에 구해낼 수 없다면 아들은 선생님을 구출합니다.

유대 사회에서는 그만큼 지식을 전달하는 교사를 소중히 여깁니다.

❁

사람에 따라서는 공부하는 데 너무 지나치게 시간을 소비하여 진실을 알지 못할 경우도 있다.

거룩한 사람이 되려면

인간에게는 하등동물에서 천사에 이르기까지의 계층이 있습니다.

그리고 천사에 가까워질수록 '거룩한 것'에 가까워집니다.

랍비가 학생들에게 물었습니다.

"거룩한 것이란 무엇인가?"

학생들 대부분은 '하나님을 위해 목숨을 버리는 것'이라고 대답했고, 또 다른 학생들은 '항상 기도하는 것'이라고 대답했습니다.

그러자 랍비는 이렇게 말했습니다.

"무엇을 먹느냐, 섹스를 어떻게 하느냐가 답이다."

학생들은 잠시 웅성거리더니 이렇게 물었습니다.

"그러면 돼지고기를 먹지 않는다든가, 어느 때 섹스를 하지 않는다든가, 그런 것이 거룩한 것이란 말씀입니까?"

랍비는 그렇다고 대답했습니다.

그 이유는 이러합니다.

유대인들은 안식일을 철저하게 지킵니다.

그런데 다른 사람들로서는 남이 안식일 날 집에서 무엇을 먹는지는 알 도리가 없습니다.

다른 사람의 집을 방문하거나 거리에 나갔을 때 유대인이면 누구나가 지키는 계율에 맞춰 식사를 할지라도, 사람들이 보지 않는 자기 집에서는 계율에 어긋나는 식사를 할지도 모릅니다.

특히 섹스는 다른 사람이 보지 않는 곳에서 행하는 비밀스러운 행위입니다.

그러므로 집에서 식사를 할 때와 섹스를 할 때, 인간은 하등동물에서 천사에 이르는 계층 그 어디에도 있을 수 있는 것입니다.

바로 이런 때 자기를 높일 수 있는 사람이 진정으로 거룩한 사람입니다.

✳

문장을 쓰는 것은

당좌수표를 쓰는 것과 같다.

사상이 없음에도 문장을 쓰려고 하는 것은

은행구좌에 잔고가 없음에도

당좌수표를 끊으려고 하는 사람과 같다.

담장의 높이

유대인은 수도원이나 결혼하지 않는 수도자의 존재를 인정하지 않습니다. 인간은 자연스럽게 사는 것이 가장 좋다고 생각하기 때문입니다. 탈무드에 이런 말이 있습니다.

"1미터의 담장이 100미터의 담장보다 낫다."

1미터짜리 담장은 튼튼하나 100미터짜리 담장은 쉽게 쓰러져버린다는 뜻입니다.

인간이 평생 섹스를 하지 않는다는 것은 도저히 불가능한 일입니다. 그건 마치 100미터짜리 담장을 쌓는 것과 같습니다.

결혼하지 않은 유대인은 즐거움도 없고, 하나님의 축복도 없고, 선행도 쌓을 수 없습니다.

그 안에 넣을 물건보다
비싼 상자를 만들지 마라.

유대인의 자선 교육

탈무드 시대의 유대인 가정에서는 안식일 전날인 금요일 해가 질 무렵, 어머니는 촛불을 켜고, 아버지는 아이들의 머리에 손을 얹고 축복을 드렸습니다. 그리고 아이들에게 두두(히브리어로 '동전'을 뜻함)를 주어 유대인이라면 어느 집에나 있는 '유대민족기금(Jewish National Fund)' 상자에 넣도록 했습니다.

금요일 오후엔 가난한 사람들이 자선을 베풀어달라고 부잣집을 돌아다니는데, 그때 아이들은 이 상자 속의 돈을 직접 가난한 사람들에게 나누어주었습니다. 어린이들에게 자선하는 마음을 심어주기 위해서였습니다.

🌀

귀머거리라도 글로 쓴 거라면 읽을 수가 있다.
진짜 귀머거리는
남의 의견을 들으려고 하지 않는 자이다.

해도 좋은 거짓말

어떤 경우에 거짓말을 해도 용서받을 수 있을까요?

탈무드에서는 두 가지 경우 거짓말을 해도 좋다고 말합니다.
첫 번째는 이미 사버린 물건에 대해 의견을 구하면, 설사 그것이
나쁜 것일지라도 아주 좋다고 해야 합니다.
두 번째는 친구가 결혼했을 때 신부가 아무리 박색이라도 굉장한
미인이라고 칭찬을 해야 합니다.

❀

돈주머니가 무거울수록
마음은 가볍다.

반드시 필요한 존재

세상에는 반드시 필요한 네 가지가 있습니다.

금, 은, 철, 동이 바로 그것입니다.

그러나 이것들은 다른 것으로 얼마든지 대체할 수가 있습니다.

다른 무엇으로도 대체할 수 없으면서 반드시 필요한 것은 착한 사람뿐입니다.

탈무드에 의하면, 착한 사람은 커다란 야자나무처럼 무성하고 레바논의 커다란 삼나무처럼 하늘 높이 솟아 있는 존재라고 합니다.

야자나무는 한 번 자르면 다시 움트기까지 4년이 걸리고, 레바논의 삼나무는 아주 먼 곳에서도 보일 정도로 높이 자랍니다.

모든 재산을 팔아서라도 딸을 학자에게 시집보내라.

또한 학자의 딸을 얻기 위해서라면

집안의 모든 재산을 써도 좋다.

두 개의 머리

탈무드에는 사고방식을 단련하기 위해 비현실적인 이야기가 많이 등장합니다.

예를 들면 '두 개의 머리를 갖고 태어난 아기' 이야기도 마찬가지입니다.

"만약에 아기가 두 개의 머리를 갖고 태어났다면 이 아기를 두 사람으로 인정해야 하는가, 아니면 한 사람으로 인정해야 하는가?"

얼핏 듣기엔 어리석은 질문 같지만 '사람은 머리가 두 개라도 몸통이 하나면 한 사람이다'라든가 '머리 하나를 한 사람으로 세어야 한다'라는 식의 원칙을 확립하기 위해서는 지극히 적절한 질문입니다.

유대교에서는 아기가 태어난 지 한 달이 되면 예배당에 데려가 축복을 받게 합니다.

그 경우 머리가 두 개 있으면 두 번 축복을 받아야 할까요, 아니면 한 번으로 족할까요? 또 기도할 때는 조그만 밥그릇을 머리에 이어야 하는데 한 사람이니 한 개만 얹으면 될까요, 아니면 머리가 두 개이니 두 개를 얹어야 할까요?

탈무드의 답은 명쾌합니다.

한쪽 머리에 뜨거운 물을 부었을 때 다른 쪽이 비명을 지르면 한 사람이고, 아무렇지도 않은 얼굴을 하면 두 사람입니다.

이와 같이 응용 범위가 넓은 우화들이 탈무드에는 아주 많이 있습니다.

왜 랍비들은 설교를 할 때 이렇게 어려운 우화들을 많이 사용했을까요?

설교는 잊기 쉬우나 우화는 오래 기억에 남아 많은 도움이 되기 때문입니다.

✻

유대인이 박해받는다는 이야기를 듣고
그 아픔에 비명을 지르면 유대인이고,
비명을 지르지 않으면 유대인이 아니다.

여자와 간통

탈무드 시대에는, 만약에 아내가 다른 남자와 성적 관계를 가질 경우 이는 마땅히 남편에 대해 죄를 범한 것이기 때문에 그 남편은 아내 또는 아내의 정부에게 어떠한 심판을 내리더라도 괜찮았습니다.

남편은 그들을 처벌할 수도 있고, 용서할 수도 있었습니다.

그러나 유대 민족은 달랐습니다.

유대인에게 간통은 하나님에 대한 모독이었습니다.

그래서 남편에게는 용서할 권리도, 벌할 권리도 없었습니다.

간통은 인간에 대한 죄가 아니고, 우주를 다스리시는 하나님의 율법을 거역하는 죄로 생각했기 때문입니다.

❀

여자에게 비밀을 지키게 하려면
혀를 잘라라.

자백의 효력

유대 법률에서는 자기에게 불리한 것을 증언하면 무효로 간주합니다.

자백은 인정되지 않습니다.

왜냐하면 자백은 고문으로 얻어지는 경우가 많다는 것을 알고 있기 때문입니다.

이는 유대 민족이 오랫동안 경험을 통해서 터득한 진리이기도 합니다.

이스라엘에서는 오늘날에도 자백이 아무런 효력을 가지지 못합니다.

✺

가난이 대문으로 들어오면,
우정은 창밖으로 도망친다.

의로운 두 형제

옛날 이스라엘에 두 형제가 살고 있었습니다.

형은 결혼하여 처자가 있었고 아우는 독신이었습니다.

두 사람 모두 부지런한 농부였는데, 아버지가 죽자 재산을 둘이 나누어 가졌습니다.

그리고 수확한 사과와 옥수수는 서로 공평하게 2등분을 하여 각기 창고에 넣었습니다.

밤이 되자 아우는 형님에게는 처자가 있기 때문에 앞으로 살아가면서 고생스러운 일이 많을 것이니 자기 것을 조금 나누어주자고 생각했습니다.

그래서 형님의 곳간에 사과와 옥수수를 옮겨다 놓았습니다.

한편 형님은 자기에겐 자식이 있으니 노후가 걱정 없으나 아우는 처자식이 없으므로 더욱 단단히 노후를 준비해야 한다고 생각했습니다.

그래서 옥수수와 사과를 동생의 곳간에 가져다 놓았습니다.

아침에 두 형제가 일어나 곳간에 가보니 어제와 똑같은 분량의 수확물이 쌓여 있었습니다.

다음날 밤에도, 또 다음날 밤에도 같은 일이 사흘 밤 동안이나 계속되었습니다.

나흘째 되던 날 밤, 상대방 곳간으로 곡식을 실어 나르던 두 형제는 길에서 마주치고 말았습니다.

서로가 서로를 얼마나 생각해주는지 알게 된 두 형제는 곡식을 내던진 채 얼싸안고 울었습니다.

이 두 형제가 얼싸안고 울었던 장소는 예루살렘에서 가장 고귀한 명소로 알려져 있습니다.

❀

아무리 목숨을 바쳐 성전(聖典)을 읽더라도
자비심이 없으면
신을 모르는 것과 다름없다.

개와 우유

이스라엘의 한 농가 부엌에 우유병이 하나 놓여 있었는데, 뱀 한 마리가 그 속으로 들어갔습니다. 그런데 그 뱀은 독사였으므로 우유 속에 독이 퍼지기 시작했습니다. 가족들은 그 사실을 전혀 알지 못했고, 오직 개만이 그걸 알고 있었습니다.

가족들이 그릇에 우유를 따르려 하자 개가 맹렬히 짖어댔습니다. 하지만 사람들은 개가 왜 그렇게 요란하게 짖는지 까닭을 알 수가 없었습니다.

한 사람이 그 우유를 마시려 하자 개가 덤벼들어 우유를 엎지르고 그것을 먹기 시작했습니다. 우유를 먹은 개는 곧 죽고 말았습니다. 그제야 비로소 가족들은 우유 속에 독이 들어 있다는 것을 알았습니다.

🌀

아무리 작은 불이라도 큰 것을 태울 수가 있다.

물레방아

'갑'은 '을'에게 물방앗간의 물방아를 임대해주었는데, 을이 갑의 곡물을 무료로 찧어주는 조건이었습니다. 이윽고 갑은 부자가 되어 다른 물방앗간들을 구입했습니다. 그래서 굳이 을에게 의지할 필요가 없었습니다. 갑은 을에게 찾아가 임대료를 돈으로 지불해달라고 했습니다. 그런데 을은 지금처럼 가루 빻아주는 일로 임대료를 계속 대신하고 싶었습니다. 이에 대한 탈무드의 판결은 다음과 같습니다. "만약 을이 갑의 곡식을 찧지 못해서 돈을 지불할 능력이 없다면 원래 계약대로 갑의 방아를 찧는 것으로 임대료를 지불해야 한다. 그러나 갑이 아닌 다른 사람의 방아를 찧어서 돈으로 지불할 수 있다면, 임대료를 돈으로 지불해야 한다."

🌀

성공한 사람의 예금은 보려 하지 않고,
실패한 사람의 빚은 보려 한다.

당나귀와 다이아몬드

어떤 랍비가 나무를 베다 팔아서 생계를 잇고 있었습니다.

산에서 마을까지 나무를 실어 나르던 그는 그 시간을 좀 단축하여 탈무드 연구에 열중하고 싶었습니다.

장터에 나간 랍비는 한 아랍인에게서 당나귀를 샀습니다.

제자들은 랍비가 이제 좀 더 빨리 마을을 왕복할 수 있게 된 것을 기뻐하며 당나귀를 냇물로 끌고 가 씻겨주었습니다.

그런데 당나귀 갈기에서 다이아몬드가 나왔습니다.

그것을 본 제자들은 모두가 랍비가 가난한 나무꾼 일에서 벗어나 자기들을 가르치고 공부할 시간을 더 많이 갖게 되었다고 기뻐하였습니다.

그런데 랍비는 제자들에게 곧 마을로 되돌아가 아랍 상인에게 다이아몬드를 되돌려주라고 일렀습니다.

한 제자가 물었습니다.

"선생님이 사신 당나귀 아닙니까?"

랍비는 이렇게 대답했습니다.

"나는 당나귀를 산 기억은 있지만 다이아몬드를 산 기억은 없다. 내가 산 것만을 갖는 것이 정당하다."

다이아몬드는 결국 아랍인에게 되돌아가게 되었습니다.

그런데 아랍인이 이렇게 말하며 거절하는 것이었습니다.

"당신은 당나귀를 샀고 다이아몬드는 거기에 포함되어 있었습니다. 돌려줄 까닭이 없습니다."

그러자 랍비는 이렇게 대답했습니다.

"유대의 전통에 의하면 자기가 산 물건 외엔 가져서는 안 됩니다. 그러니 되돌려드려야지요."

랍비의 말에 아랍 상인은 랍비의 신을 찬양하며 크게 감탄을 하였습니다.

❋

남을 속이기보다
자신을 속이기가 더 어렵다.

단 하나의 구멍

많은 사람들이 배를 타고 항해하고 있었습니다.

그런데 한 남자가 자기가 앉은 배 밑바닥에 끌로 구멍을 뚫고 있었습니다.

사람들이 놀라서 큰 소리로 나무랐습니다.

그러자 남자는 태연스럽게 말했습니다.

"여기는 내 자리이니 내가 무엇을 하든 상관하지 마시오."

이윽고 배는 물속으로 가라앉고 말았습니다.

❀

친구가 꿀을 가지고 있다 하여
그 친구까지 핥아버려서는 안 된다.

진실과 거짓

어느 날, 두 여자가 한 어린아이를 솔로몬 왕에게 데리고 와서는 서로 자기 아이라고 우기며 그 아이가 누구의 아이인지를 밝혀달라고 했습니다.

솔로몬 왕은 여러 가지 사실을 조사했지만, 누구의 아이인지 도무지 알 수가 없었습니다.

그런데 유대 사회에서는 물건이 누구의 것인지 확실하지 않을 때는 공평하게 나누어 갖는 게 통상적인 관례였습니다. 그래서 솔로몬 왕은 아기를 둘로 나누라고 명령했습니다. 그러자 한쪽 어머니가 그런 짓을 하려면 차라리 아이를 저쪽 여자에게 주어도 좋다고 울부짖는 것이었습니다. 그 광경을 본 솔로몬 왕은 마침내 판결을 내렸습니다.

"그대야말로 진짜 어머니요."

어느 부부에게 두 사내아이가 있었습니다. 그런데 한쪽 아이는 어머니가 다른 남자와 관계를 맺어 낳은 아이였습니다.

하루는 남편이 두 아이 중 한 아이는 아버지가 다르다는 얘기를 우연히 듣게 되었습니다. 그러나 남편은 누가 자기 자식인지 가려낼 수 없었습니다.

얼마 후, 남편이 중병에 걸렸습니다. 죽음이 닥칠 것을 예감한 남편은 자기 피를 이어받은 아이에게 전 재산을 주겠다는 유서를 썼습니다.

남편이 죽자 그 유서는 랍비에게 전해졌고, 랍비는 죽은 아버지의 핏줄을 받은 아이가 누구인지 가려내야만 했습니다.

랍비는 두 아들을 아버지의 묘로 데려가 막대기로 힘껏 무덤을 치라고 명령했습니다.

그러자 한 아들이 울며 말하는 것이었습니다.

"저는 도저히 아버님의 묘를 욕되게 할 수 없습니다."

랍비는 한사코 그 묘를 치지 못한 쪽이 진짜 아들이라고 판결했습니다.

황금은 진흙 속에 있어도
빛이 난다.

랍비가 우는 까닭은

매우 뛰어난 랍비가 한 사람 있었습니다.

모든 사람에게 존경을 받으며 행실이 고결하고 친절하며 자애심이 깊은 사람이었습니다.

또한 심성이 자상하고 하나님을 깊이 공경했습니다.

개미 한 마리라도 밟지 않으려고 조심스럽게 걸었고, 신이 만든 것은 무엇이든 망가뜨리지 않으려고 소중히 다루는 사람이었습니다.

나이 80세를 넘으면서부터 그의 육체도 갑자기 쇠잔해지기 시작했습니다.

그 역시 자신이 죽을 때가 가까워졌음을 깨달았습니다.

제자들이 머리맡에 모였을 때 갑자기 랍비가 울기 시작했습니다.

제자 하나가 물었습니다.

"랍비여, 왜 우십니까? 선생님께서 공부하는 걸 잊은 날이 단 하루라도 있습니까? 무심히 가르친 날이 하루라도 있습니까? 자선을 베풀지 않은 날이 하루라도 있습니까? 선생님은 이 나라에서 가장 존경받는 분이십니다. 신을 가장 깊이 공경한 사람도 선생님이십니다. 게다가 선생님은 정치 같은 더러운 세계에는 한 번도 발을 들여놓은 적이 없습니다. 선생님이 우셔야 할 이유는 전혀 없습니다."

그러자 랍비는 이렇게 말했습니다.

"바로 그렇기 때문에 이렇게 울고 있는 것이다. 나는 죽는 순간에 하나님께서 '너는 공부했느냐? 너는 기도했느냐? 너는 자선을 베풀었느냐? 너는 바른 행실을 했느냐?'고 묻는다면 모두 '네'라고 대답할 수 있다. 그런데 '너는 평범한 생활을 해본 적이 있느냐?'고 묻는다면 '아니요'라고 말할 수밖에 없다. 그래서 울고 있다."

누구든지 거울 속에서
자기가 가장 좋아하는 사람을 본다.

구멍 난 보트

어떤 사나이에게 작은 보트가 있었습니다.

그는 여름이 되면 호수로 나가 가족을 태우고 물고기를 낚으며 즐겁게 지냈습니다.

여름이 끝나 보트를 뭍으로 올려놓은 그는 배 밑바닥에 작은 구멍이 뚫려 있는 것을 발견했습니다. 그러나 워낙 작은 구멍이라 내년 여름 보트를 사용할 때 고치려고 그냥 놔두었습니다.

그리고 겨울이 되자 페인트공을 불러 보트에 페인트칠을 다시 했습니다.

다음 해 봄은 아주 일찍 찾아왔습니다.

두 아이가 빨리 보트를 타고 호수로 나가고 싶어 하는 바람에 그는 보트에 구멍이 뚫려 있다는 사실을 까맣게 잊은 채 허락했습니다.

두 시간 정도 지난 뒤, 보트에 구멍이 뚫려 있다는 사실이 문득 떠올랐습니다. 게다가 아이들은 수영도 잘하지 못했습니다. 당황

한 그는 누군가에게 도움을 청하려고 뛰쳐나갔습니다.

그때 두 아이가 유유히 보트를 타고 돌아오는 모습이 보였습니다. 그는 두 아이를 반갑게 맞으며 보트를 살펴보았습니다. 그런데 보트의 구멍이 막혀 있는 것이었습니다.

페인트공이 고쳐준 것이라고 생각한 그는 선물을 가지고 페인트공을 찾아갔습니다.

그러자 페인트공이 물었습니다.

"보트 칠한 값은 벌써 받았는데 왜 이런 선물을 주십니까?"

"보트에 조그만 구멍이 뚫려 있던 것을 당신이 고쳐주지 않았습니까? 올여름 사용하기 전에 고치려다 그만 까맣게 잊고 있었습니다. 당신은 구멍을 메워달라는 부탁을 하지도 않았는데 제대로 고쳐주었습니다. 당신 덕택에 우리 아이들이 목숨을 건진 것이지요."

남자는 페인트공의 손을 잡고 고마워했습니다.

❋

인간은

자기가 가지고 있는 것을 소홀히 하면서도

가지고 있지 않은 것을 가지고 싶어 한다.

Talmud 135

어떤 농부

어떤 마을에 큰 농가가 있었습니다. 그 주인은 예루살렘 근처에서 가장 자선을 많이 하는 농부였습니다.

그는 매년 랍비들이 집을 방문할 때마다 아낌없이 자선을 베풀었습니다.

어느 날, 폭풍우 때문에 과수원이 모두 망가지고 질병이 퍼져 양과 소, 말 등의 가축이 모두 죽어버렸습니다. 이것을 본 채권자들이 몰려와 재산을 전부 차압해 버렸습니다.

그에게는 이제 아주 작은 토지밖에 남지 않았습니다. 그러나 그는 태연자약했습니다.

"하나님이 준 것, 하나님이 거두어가셨으니 하는 수 없다."

그해에도 여느 때처럼 랍비들이 찾아왔습니다. 랍비들은 그토록 부자였던 사람이 몰락해버린 걸 동정했습니다.

아내는 농장 주인인 남편에게 말했습니다.

"랍비들에게 학교를 세워주고 예배당에 헌금을 내고 가난한 사람,

늙은 사람을 위해 기부금을 많이 냈었는데 올해는 아무것도 줄 수 없어 정말 안타까워요."

그래도 부부는 랍비들을 빈손으로 보낼 수는 없다고 생각했습니다. 그래서 마지막 남아 있던 땅의 절반을 팔아 랍비들에게 헌금하고, 남은 절반의 땅에서 더욱 열심히 일하여 보충해 나가기로 했습니다. 랍비들은 뜻밖의 헌금을 받고는 매우 놀랐습니다.

그 후 부부가 남은 땅을 갈고 있는데 밭갈이하던 소가 쓰러져버렸습니다. 그런데 흙투성이가 된 소를 끌어낸 자리에서 보물이 나왔습니다. 그들은 예전처럼 커다란 농장을 소유할 수 있었습니다.

이듬해에 또 랍비들이 찾아왔습니다. 랍비들은 아직도 그 농부가 가난하게 살고 있으리라 생각하고 옛날 집으로 갔습니다. 그런데 이웃 사람들이 이렇게 말하는 것이었습니다.

"아니, 그 사람은 이제 여기 살지 않습니다. 건너편 큰 집에서 살고 있지요."

랍비들이 찾아가자 농장 주인은 지난 1년 동안 있었던 일을 설명해주었습니다. 그리고 아낌없이 자선을 베풀면 반드시 그만큼 되돌아온다고 덧붙였습니다.

❀

앓고 있는 사람이 앓고 있는 사람을 위하여 기도할 때
기도의 힘은 갑절이 된다.

살아 있는 바다

요르단강 근처엔 두 개의 큰 호수가 있습니다. 하나는 죽은 바다, 즉 사해(死海)이고, 또 하나는 히브리어로 '살아 있는 바다'라 불리는 호수입니다. 사해는 밖에서 물이 들어오기만 할 뿐 다른 데로 나가지 못합니다. 한편 '살아 있는 바다'는 물이 들어오기도 하고 다른 곳으로 흘러가기도 합니다.

자선을 베풀지 않는 사람은 죽은 바다와 같아서 돈이 들어오기만 하고 나가지 않습니다.

자선을 베푸는 사람은 살아 있는 바다와 같아서 돈이 들어오기도 하고 나가기도 합니다.

우리는 모두 살아 있는 바다가 되어야만 합니다.

※

선량한 인간은 약속은 적게 하고
실행은 많이 한다.

존경받기 위해서는

사람이 존경받기 위해서는 무엇이 필요할까요?

지성을 갖추고 있으면 존경받을 수 있습니다.

지성이 모자란다면 돈을 가지고 있어야 합니다.

돈이 없더라도 착한 아내를 가지고 있으면 결점을 숨길 수가 있습니다.

착한 아내가 없다면 입을 다물고 침묵을 지켜야 합니다.

만약 침묵을 못 지킨다면 바보들 축에 끼어야 존경을 받을 수 있습니다.

🌀

물고기는 물이 없어지면 죽고,

사람은 예의가 없어지면 죽는다.

친구의 세 종류

친구에는 세 종류가 있습니다.

첫 번째 부류는, 음식과 같아서 매일같이 필요합니다.
두 번째 부류는, 약과 같아서 가끔 가다가 필요합니다.
세 번째 부류는, 질병과 같아서 피해야 합니다.

당신은 어떤 부류의 친구입니까?

친구인 체하는 자는 철새와 같다.
추워지면 당신 곁에서 날아가 버린다.

바보 중의 바보

아무리 울고불고 난리를 쳐도 다음과 같은 사람에겐 방법이 없습니다.

1. 증인도 세우지 않고 돈을 빌려준 사람.
2. 죽기도 전에 자식들에게 모든 재산을 물려준 사람.
3. 마누라 엉덩이에 눌려 있는 사람.

이들은 그저 목숨이 붙어 있어 살아가는 바보일 뿐입니다.

개와 함께 자면
벼룩과 함께 눈을 뜬다.

뱀의 지혜

세상 모든 동물들이 모여 뱀을 몰아세웠습니다.

"사자는 먹이를 쓰러뜨려 먹고, 이리는 먹이를 찢어서 먹는다. 그런데 뱀, 너는 먹이를 송두리째 삼켜버려. 왜 그러는 거지?"

그러자 뱀은 이렇게 대답했습니다.

"나는 그래도 남을 중상 모략하는 자보다 낫다고 생각해. 상대방에게 입으로 상처를 입히지는 않거든."

🌀

현명한 자는 돈의 고마움을 알고 있지만
부자는 지혜의 고마움을 모른다.
그러므로 부자보다
현인이 위대하다.

하나님이 맡긴 보석

한 랍비가 안식일 날 예배당에서 설교를 하고 있을 때 그의 두 아이가 집에서 죽었습니다. 아이들의 시체를 2층으로 옮겨 흰 천으로 덮어둔 아내는, 남편이 돌아오자 이렇게 말했습니다.

"여보, 어떤 사람이 나에게 잘 지켜달라고 하면서 아주 값진 보석을 맡기고 갔어요. 그런데 그 주인이 갑자기 와서 자기가 맡겼던 보석을 달라는 거예요. 그럴 때 저는 어떻게 해야 하나요?"

"보석을 주인에게 돌려줘야지."

그제야 아내가 말했습니다.

"실은 조금 전에 하나님께서 우리에게 맡겼던 두 개의 귀중한 보석을 가져가셨어요."

🌀

천국의 문은 기도에 대해서는 닫혀 있어도
눈물에 대해서는 열려 있다.

참되게 사는 비결

장사꾼이 거리를 돌아다니며 큰소리로 외쳤습니다.

"인생의 비결을 살 사람은 없습니까?"

그랬더니 순식간에 많은 사람이 모여들었습니다.

그들 중에는 랍비도 몇 사람 있었습니다.

"제발 그 비결을 내게 파시오."

사람들이 졸라대자 상인은 이렇게 말했습니다.

"인생을 참되게 사는 비결은 무엇보다 자신의 혀를 조심해서 쓰는 것이오."

어리석은 자는

자신이 아는 것을 모조리 말하고,

지혜로운 자는

자신이 말한 것을 모두 알고 있다.

부드러운 혀

한 랍비가 학생들을 위해 만찬을 베풀었습니다.

소의 혀와 양의 혀로 만든 맛있는 요리가 나왔는데, 그중에는 딱딱한 혀와 부드러운 혀가 있었습니다.

학생들은 다투어 부드러운 혀만을 골라 먹으려 했습니다.

그러자 랍비가 이렇게 말했습니다.

"너희도 언제나 혀를 부드럽게 간직하여라. 딱딱한 혀를 가진 사람은 남을 화나게 하거나 불화를 가져오는 법이다."

혀는 마음의 붓이다.

Talmud # 5

해학

* * *

2천년이라는 기나긴 세월을 흩어져서 살아야 했던
유대 민족의 역사는 고난과 고통 그 자체였다.
그런 속에서도 오늘날까지 자신들의 정체성을 잃지 않은
것은 고난과 고통을 웃음과 해학으로 극복하는
여유가 있었기 때문이다.

선물

항해 중이던 배가 침몰하여 한 아름다운 여자가 바다를 표류하다 무인도에 당도했습니다.

그런데 그 섬에는 몇 년 전부터 그 여자와 비슷한 운명의 유대인 남자가 혼자서 살고 있었습니다.

여자가 슬퍼하며 탄식하는 것을 본 유대인이 말했습니다.

"아가씨, 이 섬은 공기와 물이 깨끗할 뿐 아니라 조용합니다. 기후도 좋고 싱싱한 과일도 많습니다. 게다가 나 같은 말동무도 있잖습니까. 그러니 전혀 살 수 없는 곳은 아니지요."

그러자 여자는 안심한 듯 미소를 지으며 고개를 들었습니다.

"그럼 제가 당신이 몇 년 동안 갈망하던 선물을 가져온 셈이군요."

그 말을 들은 유대인이 큰 소리로 말했습니다.

"뭐라고요? 당신이 맛짜(유대인이 축제 때 먹는 빵)를 가지고 왔단 말입니까?"

생활 철학

실버스타인이 자기 아들을 앞에 앉혀놓고 생활 철학을 가르치고 있었습니다.

"만일 파산하게 되었을 때는 웃는 얼굴을 하고 아무 일도 없는 것처럼 꾸며야 한다. 알겠니? 예를 들어 닭 한 마리를 도둑맞았다고 하자. 그럴 땐 아무 말 않고 슬쩍 이웃집 닭을 한 마리 가져오는 거야. 그러면 그 이웃집 사람도 다른 이웃집 닭을 훔쳐 오게 마련이지. 그러다 보면 결국 어느 집이든 도둑맞은 닭이 없게 되는 거겠지. 그런데 도둑을 맞았다고 떠들어대면 어떻게 되겠니? 이웃집 닭장엔 모두 자물쇠가 채워지고, 결국 자기 혼자만 손해를 보게 되겠지."

묘수

한 유대인이 오스트리아 빈에 살고 있는 유명한 의사에게 왕진료를 많이 줄 테니 중병에 걸린 아내를 진찰해달라고 부탁했습니다.

"그렇다면 어디 한번 가볼까."

명의로 소문난 의사가 마을에 도착하자 상복을 입고 마중 나온 유대인이 눈물을 흘리며 말했습니다.

"멀리까지 오셨는데, 제 아내는 이미 저제상으로 떠나버리고 말았습니다. 아무래도 복이 없었던 모양입니다. 하지만 선생님께 누를 끼치지는 않겠습니다. 마을 공회당에 병을 앓고 있는 사람들을 모아 두었으니 진찰해주십시오. 왕진료는 약속대로 드리겠습니다."

의사는 유대인의 간청을 뿌리칠 수 없어 많은 환자를 진찰해주었습니다. 다음 날, 빈으로 돌아가는 의사를 역까지 배웅 나간 유대인이 말했습니다.

"선생님, 저 혼자서 그 많은 왕진료를 부담할 수는 없었습니다. 그래서 제 아내를 어제 봐주신 환자들 틈에 끼어 있게 했습죠."

원칙

유대교도는 탈무드를 공부할 때 모자를 쓰는 것이 원칙입니다. 그런데 어느 안식일에, 한 유대인이 친구 집을 방문했더니 그 친구가 모자만 쓰고 벌거벗은 채 탈무드를 공부하고 있는 것이었습니다.

"여보게, 그게 무슨 꼴인가?"

"날씨가 너무 더워 아무도 찾아올 것 같지 않아서 좀 벗었을 뿐이네."

"그럼 모자는 왜 쓰고 있는가?"

"그래도 혹시 누가 올지 몰라서."

반값

가난한 마을 출신인 한 유대인이 석탄을 팔아 큰 부자가 되었습니다. 하루는 그의 고향 마을에서 마차 여섯 대 분량의 석탄을 기증해달라는 부탁을 해왔습니다. 그 석탄 상인은 생색도 내고 손해도 적게 보는 묘안을 생각해냈습니다.

"나도 장사니까, 물건을 거저 줄 수는 없습니다. 그렇지만 고향에서 모처럼 부탁하는 일이니만큼 값을 반으로 깎아 드리죠."

그래서 마을 이장은 우선 마차 석 대 분량을 주문했습니다. 그런데 몇 달이 지나도록 석탄값을 지불하기는커녕 추가 주문도 오지 않았습니다. 기다리다 못한 석탄 상인이 독촉장을 보냈습니다.

얼마 후, 마을 이장에게서 답장이 왔습니다.

"납득하기 어렵습니다. 우리는 귀하에게 마차 여섯 대 분량의 석탄을 반값으로 납품하겠다는 약속을 받은 바 있습니다. 우리는 그것을 마차 석 대 분량은 무상으로 공급하겠다는 뜻으로 이해했습니다. 그래서 나머지 석 대 분량은 주문하지 않기로 한 것입니다."

Talmud 149

쥐와 고양이

자기가 쥐라는 망상에 빠진 한 남자가 정신병원에 입원했다가 퇴원을 하게 되었습니다.

그런데 병원 입구에 주저앉아서 나오려고 하지를 않는 것이었습니다.

이상하게 생각한 의사가 그 이유를 물었습니다.

"저기에 고양이가 있어서요."

"하지만 당신은 이제 당신이 쥐가 아니라는 사실을 알고 있지 않소?"

"물론이지요. 그렇지만 고양이 쪽에선 그 사실을 모르고 있을 거예요."

진짜 총

팔십 고령의 노인이 젊은 아내를 얻었는데 놀랍게도 그 아내가 임신을 하게 되었습니다.

이를 이상하게 생각한 그 노인이 랍비를 찾아가 그 까닭을 물었습니다.

랍비가 대답했습니다.

"어떤 사나이가 파라솔을 들고 아프리카 황야를 산책하고 있었습니다. 그런데 갑자기 사자 한 마리가 습격을 해왔지요. 사나이는 겁도 내지 않고 파라솔로 사자를 겨냥했습니다. 그랬더니 사자가 픽 고꾸라졌답니다."

"이상한 일이군요."

"아닙니다. 조금도 이상하게 여길 필요가 없습니다. 그 사람 뒤에 진짜 총을 가진 사람이 있었던 겁니다."

돈 빌리는 기술

그린이 친구인 브라운에게 부탁했습니다.

"이봐, 50마르크만 빌려줄 수 있겠나?"

"좋아, 빌려주지."

브라운은 50마르크를 그린에게 빌려주었습니다.

열흘쯤 지나서 두 사람이 다시 만났습니다.

"여보게, 나한테 빌려간 50마르크는 어떻게 됐나?"

"미안하지만 50마르크를 더 보태서 백 마르크를 채워줄 수 없겠나?"

"그러지."

얼마 후, 두 사람이 다시 만났습니다.

"여보게, 내가 분명 백 마르크를 빌려줬지 않았나?"

"그랬지."

"그럼 100마르크를 보태서 나한테 2백 마르크를 빌려줄 수 있겠나?"

"자네가 필요하다면야 할 수 없지."

브라운은 다시 백 마르크를 빌려주었습니다.

다시 보름쯤 지났을 때, 두 사람이 만났습니다.

그린이 물었습니다.

"여보게, 내가 자네한테 진 빚이 2백 마르크였던가?"

그러자 브라운이 이렇게 외쳤습니다.

"천만에! 난 자네한테 돈을 빌려준 적이 없다네!"

새색시

유월절은 유대인들이 이집트를 탈출한 것을 기념하는 날입니다. 이 날이 되면 유대인들은 전통적인 관습에 따라서 식탁을 차리고 여러 가지 의식을 치러야 하므로 여간 골치 아픈 일이 아니었습니다.

어느 마을에서 갓 결혼한 젊은이가 처음으로 유월절을 맞이하게 되었습니다. 하지만 어떻게 식탁을 차려야 하는지 알 수가 없었습니다. 그래서 새색시를 근처에 있는 대장간으로 보내 창문으로 식탁 차리는 법을 보고 오라고 했습니다.

그런데 대장간에서는 마침 부부싸움이 한창이었습니다. 대장간 남자가 부인을 삽자루로 때리는 걸 본 새색시는 깜짝 놀라 집으로 돌아왔습니다. 하지만 너무 두려운 나머지 감히 입을 열 수 없었습니다. 젊은이는 화가 치밀어 삽을 들고 아내를 때리려 했습니다. 그러자 새색시가 울면서 남편을 원망했습니다.

"이런 법이 어디 있어요? 다 알고 있으면서 뭣 때문에 저를 대장간까지 보냈죠?"

오해

버스 안에서 어떤 승객이 아름다운 여선생에게 물었습니다.

"아이가 몇 명이나 있습니까?"

여선생은 학생들의 수를 묻는 것으로 알아듣고 이렇게 대답했습니다.

"서른일곱 명이에요."

그러자 그 말을 들은 주위 사람들이 믿을 수 없다는 듯 크게 웃었습니다.

여선생은 그 사람들이 자기를 비웃는 것으로 알고 이렇게 대답했습니다.

"사람 무시하지 마세요. 조수도 채용하고 있으니까요."

안식일

유대인의 안식일은 금요일 저녁부터 토요일 저녁까지입니다.

그날은 절대로 불을 붙이거나 꺼서도 안 됩니다.

그래서 따로 이방인을 고용해 금요일 밤늦게 불을 끄게 하는 가정도 있습니다.

그 가정에 한 번은 불 끄는 사람이 나타나지를 않았습니다.

유대인은 촛불이 켜져 있는 동안에는 잠을 잘 수 없으므로 여간 곤란한 게 아니었습니다.

그래서 주인은 한 가지 꾀를 내어 어린 딸을 촛불 가까이 불렀습니다.

"레베카, 너는 똑똑한 아이니까 히브리어로 부활절을 뭐라고 하는지 알고 있겠지? 어디 큰 소리로 말해보렴."

"페, 사, 흐!"

딸이 자신 있게 큰 소리로 말했습니다.

그 바람에 촛불이 꺼져 그들은 잠을 잘 수 있었습니다.

노름꾼

도박판에서 한 사람이 심장마비로 죽었습니다.

친구 하나가 죽은 남자의 부인에게 그 사실을 알리러 가게 되었는데, 어떻게 전해야 할지 난감했습니다.

죽은 친구의 집에 도착해 초인종을 누르자 부인이 나왔습니다.

"안녕하십니까, 아주머니. 부군께서 자주 가시던 카페에서 왔습니다만…."

"맙소사! 또 노름하고 있나요?"

"실은… 그렇습니다."

"보나마나 빈털터리가 되었겠죠?"

"네, 그렇더군요."

"아이고, 지긋지긋해! 차라리 아주 죽어 없어졌으면 좋겠어요."

"네. 실은, 하나님께서 그 뜻을 미리 아시고 하늘나라로 데려가셨습니다."

식욕

학문을 닦기 위해 여행 중인 유대 수도사가 하룻밤 신세를 지기 위해 밤늦게 랍비의 집을 찾았습니다.

랍비는 그를 반갑게 맞이했습니다.

"보시다시피 우리 집은 초라한 데다 신혼 초이긴 합니다만, 하나님의 가르침 대로 도움을 구하는 사람을 물리칠 수는 없지요. 내일을 위해 먹을 것도 조금 남겨두었으니 그중 절반은 드셔도 됩니다. 그리고 저는 제 아내와 같은 침대를 쓸 테니 당신은 제 침대를 쓰도록 하십시오."

이윽고 세 사람이 자리에 들자마자 마을 사람이 문을 두드렸습니다.

마을 사람은 급한 환자가 생겼다며 랍비에게 빨리 와달라고 청했습니다.

랍비는 급히 집을 나섰습니다.

젊은 수도사는 랍비의 젊은 아내와 단둘이 있게 되자 묘한 기분에 빠졌습니다.

그들은 잠을 이루지 못한 채 이리저리 몸을 뒤척이며 시간을 보내고 있었습니다.

그러다 갑자기 수도사가 벌떡 일어나 앉더니 다짜고짜 이렇게 물었습니다.

"저, 지금 괜찮습니까?"

수도사의 말에 랍비의 아내는 작은 소리로 부끄러운 듯이 대답했습니다.

"네. 하지만 남편이 돌아오기 전에 서둘러주세요."

수도사는 부엌으로 뛰다시피 들어가 허겁지겁 음식을 먹기 시작했습니다.

칼 사는 법

농부들이 칼을 살 때는 대개 세 가지 실험을 해 봅니다.

먼저, 솜털을 잘라 본다.
두 번째로, 솜털이 잘 잘리면 돌에 부딪혀 불꽃이 튕기는지 확인한다.
세 번째는, 불꽃이 튕기면 마지막으로 주위를 둘러보고 칼을 옷속에 몰래 감춘다.

이것이 잘 안 되면 칼을 돌려주는 수밖에 없다.

기념식

회사 창립 50주년 기념식을 위해 사장인 레비 씨가 총무부장을 불러 말했습니다.

"이번 50주년 기념일에 성대한 행사를 했으면 하네. 사람들의 시선도 끌고, 직원들도 기쁘게 하고, 그러면서도 돈이 들지 않는 아이디어가 없을까?"

총무부장은 잠시 생각에 잠겨 있다가 갑자기 눈을 빛내며 말했습니다.

"사장님, 좋은 생각이 있습니다. 사장님이 한 번 목을 매달아보지 않겠습니까? 사람들의 시선도 끌고, 사원들도 기뻐하고, 게다가 돈도 들지 않을 테니까요."

왕복

기차 안에서 어느 유대인 남녀가 서로 알게 되었는데, 두 남녀는 둘 다 모스크바로 가는 길이었습니다.

남녀는 긴 여정이었으므로 도중에 기차를 내려 시골 여관에 묵어야 했습니다.

그날 밤, 넘어서는 안 될 선을 넘은 두 사람은 아침이 되자 후회하는 마음이 간절했습니다.

남자가 먼저 입을 열었습니다.

"내가 곧장 랍비를 찾아가 참회하고 올 테니 걱정하지 마십시오."

이윽고 돌아온 남자가 말했습니다.

"속죄하는 뜻으로 예배당에 양초 1킬로그램을 기부하라는군요."

"그래서 그렇게 했나요?"

"2킬로그램을 기부하고 왔죠."

"너무 과용하신 거 아니에요?"

"아닙니다. 돌아올 때도 어차피 함께 머무를 테니까요."

즉효

기차 안에서 유대인이 소금에 절인 청어를 먹고 있었습니다.

이윽고 먹다 남은 머리 부분을 신문지에 싸고 있는데, 건너편에 앉은 폴란드인이 말했습니다.

"우리도 소금에 절인 청어를 잘 먹는데, 특히 머리 부분을 먹으면 머리가 좋아진다고 하더군요."

"그럼 이걸 사시지요?"

"좋습니다. 하나에 1즈로티라면 사겠습니다."

배가 너무 고팠던 폴란드인은 5즈로티를 내고 청어 머리 다섯 개를 받았습니다. 얼마 후, 청어 머리를 다 발라 먹은 폴란드인이 불쾌한 표정을 짓고 있다 토해내듯 말했습니다.

"가만 생각하니 당신도 참 지독한 사람이군요. 5즈로티면 다음 역에서 청어 다섯 마리를 사고도 거스름돈을 받을 것이오"

그러자 유대인이 말했습니다.

"벌써 머리가 좋아지셨군요."

진짜 장사꾼

구멍가게를 하고 있는 유대인이 중병에 걸려 곧 죽게 되었습니다.
가족들이 머리맡에 모여 침통한 마음으로 그를 지켜보고 있었습니다.

그 유대인이 가족들을 둘러보며 힘들게 말했습니다.

"여보, 당신 어디 있소?"

"여기 있어요, 여보."

"내 아들은?"

"여기 있습니다, 아버님!"

"내 딸은?"

"저도 여기 있어요."

그러자 유대인은 숨을 몰아쉬며 일어나려고 애를 썼습니다.

그러고는 목구멍의 가래를 내뱉듯이 하는 말이 이랬습니다.

"그럼 가게는 누가 보고 있단 말이냐!"

황새의 선물

"아빠, 나는 어떻게 해서 생겨났죠?"

"황새가 물고 왔단다."

"그럼 아빠는요?"

"나도 황새가 물어다 주었지."

"그럼 할아버지도, 증조할아버지도 황새가 물어다 주었어요?"

"그래, 황새가 물어다 주었다, 모두."

다음날 학교에 간 아이는 작문 시간에 이렇게 썼습니다.

'아빠의 증언에 의하면, 우리 집안은 증조할아버지 때부터 4대에 걸쳐 성행위를 갖지 않았다.'

전보

어느 여자가 여행을 떠난 남편에게서 전보를 받았습니다.

'서부역 17시 30분 도착. 방울뱀 가지고 감.'

남편을 마중 나온 부인이 남편의 짐을 살피면서 물었습니다.

"방울뱀은 어디에다 넣었어요."

"뱀 말이오? 전보 요금이 같다고 하기에 그냥 덧붙였을 뿐이오.
우체국에다 공돈을 줄 필요는 없잖소."

뇌물

변호사를 찾아온 한 남자가 말했습니다.

"변호사님, 소송이 시작되기 전에 재판관에게 살이 잘 오른 오리 한 마리를 보내는 게 어떨까요? 명함을 붙여서 말입니다."

"어림도 없는 소리 마시오. 그런 짓을 하면 뇌물을 바친 죄까지 더 해져 당신이 불리해질 것이오."

남자는 결국 재판에서 승소했습니다.

남자가 크게 기뻐하며 변호사에게 말했습니다.

"그때 변호사님께선 반대하셨지만, 재판관에게 오리 한 마리를 보 내었지요."

그 말을 들은 변호사는 깜짝 놀랐습니다.

"그 청렴하기로 이름난 판사님이 그냥 있진 않았을 텐데…. 믿을 수가 없군."

"그야, 저한테 소송을 건 사람 이름을 썼거든요."

정의

유대인 장사꾼이 거래상의 문제로 재판을 받게 되었는데, 갑작스런 일이 생겨 여행을 떠나게 되었습니다.

그래서 여행을 떠나기 전에 그는 변호사에게 이렇게 일러두었습니다.

"소송 결과가 나오면 내가 묵을 호텔로 전보를 쳐서 알려주면 고맙겠소."

이윽고 그에게 반가운 소식이 전해졌습니다.

'역시 정의가 승리했다.'

유대인은 곧바로 회신을 보냈습니다.

'즉각 항소하시오.'

충고

선생님이 여학생에게 질문했습니다.

"인간의 기관 가운데 흥분하면 여덟 배로 팽창하는 부분은 어디인가?"

그러자 여학생은 얼굴을 붉히며 좀처럼 대답을 하려 하지 않았습니다.

선생님이 계속해서 말했습니다.

"네가 왜 대답하지 않는지 나는 안다. 하지만 그건 아니야. 내 질문의 답은 공동이다. 그리고 말이 나왔으니 말인데, 결혼할 땐 너무 기대하지 않는 게 좋을 거다."

대용품

새로 채용한 점원에게 주인이 장사하는 요령을 가르치고 있었습니다.

"손님이 원하는 물건이 가게에 없다는 이유만으로 찾아온 손님을 돌아가게 해서는 안 된다. 훌륭한 장사꾼이란 반드시 뭐든 그 대용품을 손님에게 팔아야만 하는 거야, 알겠니?"

점원이 가게를 보고 있는데 한 손님이 찾아왔습니다.

"화장지가 필요한데, 있어요?"

"이거 죄송합니다. 마침 물건이 떨어져서…."

점원은 문득 주인이 한 말이 생각났습니다.

그래서 이렇게 말했습니다.

"손님, 화장지는 떨어졌지만… 최고급 샌드페이퍼는 어때요?"

인간

어느 회사의 부장이 한 부하 직원의 출장비 명세서를 받았습니다.

점심값 : 5마르크

택시비 : 2마르크

숙박비 : 30마르크

인간은 나무토막이 아니다 : 100마르크

다음 달에도 또 그 다음 달에도 '인간은 나무토막이 아니다'라는 항목이 예외 없이 기재되어 있었습니다.

부장은 부하 직원을 불러 야단을 쳤습니다.

"이봐, '인간은 나무토막이 아니다'라는 게 대체 무슨 뜻이야. 그럼, 인간이 강철이란 말인가?"

약속

한 남자가 동료 직원의 아름다운 아내에게 반해서 있는 말 없는 말을 해가며 접근했지만, 지조가 굳은 그녀는 좀처럼 상대를 해주지 않았습니다.

그래서 마지막 수단으로 그녀에게 1천 마르크를 주겠다고 약속했습니다.

그 여자도 어쩔 수 없는 유대인인지라 싫다는 말을 못 하고 남자에게 몸을 허락하기로 했습니다.

"남편이 출장을 떠나니까 내일 와주세요."

이튿날 사무실에 출근한 남자는 출장을 떠나려는 동료를 붙잡고 부탁했습니다.

"여보게, 천 마르크만 빌려주지 않겠나? 점심때까지는 자네 부인한테 갖다주겠네."

그날 밤 출장에서 돌아온 남편이 걱정스런 얼굴로 아내에게 물었습니다.

"오늘 내 친구가 왔었지?"

아내는 두근거리는 가슴을 억누르며 대답했습니다.

"네."

"천 마르크를 가지고 왔나?"

부인은 파랗게 질려 힘없이 대답했습니다.

"네."

그러자 남편이 만족스러운 듯 말했습니다.

"역시 약속을 지켰군. 그 녀석은 정말 믿을 수 있는 친구거든."

거래

바다 한가운데서 두 사람이 구명보트를 타고 있었습니다. 사방을 둘러보아도 배나 섬은 그림자조차 보이지 않았습니다. 그때 한 사람이 기도를 하기 시작했습니다.

"오, 하나님, 집에 무사히 돌아갈 수만 있다면 재산의 반을 자선사업에 기증하겠습니다."

그런데 아무리 노를 저어 나아가도 구원의 손길이 나타나지 않았습니다. 그러는 사이 밤이 되었습니다. 먼저 사나이가 다시 기도를 하기 시작했습니다.

"하나님, 저를 구원해주신다면 재산의 3분의 2를 내놓겠습니다."

그러나 아침이 되어도 달라진 것이 없었습니다. 절망에 빠진 사나이는 다시 기도를 하기 시작했습니다.

"하나님, 부탁드립니다. 제가 무사히 살아날 수만 있다면 저의…"

그때 다른 사나이가 소리쳤습니다.

"이봐, 거래를 그만둬. 섬이 보이니까."

사망률

"자네는 백만장자가 되는 것과 티푸스 환자가 되는 것 중 어느 쪽을 택하겠는가?"

"그야 물론 백만장자 쪽을 택하지."

"다시 한번 잘 생각해보게. 백만장자는 반드시 죽지만 티푸스 환자의 사망률은 13퍼센트밖에 되지 않으니까 말이야."

헛수고

살몬이란 유대인이 밀도살 혐의로 기소되었습니다.

가족들은 그가 어떻게든 감옥에 가지 않고 벌금만 무는 걸로 해결되길 바랐습니다.

그래서 배심원인 유대인에게 뇌물로 3천 마르크를 건네주었습니다.

그 결과, 사건은 벌금형으로 마무리되었습니다.

그런데 유대인 배심원 중 한 사람이 살몬의 집으로 찾아와 이렇게 말하는 것이었습니다.

"자칫했다가는 큰일 날 뻔했습니다. 벌금형으로 하느라고 얼마나 혼났는지 모릅니다."

"수고 많이 하셨어요. 다른 배심원들은 모두 징역형을 주장했겠지요?"

"천만에요! 모두가 무죄라고 하면서 제 의견은 들으려고도 하지 않더군요."

상대성이론

처녀가 랍비를 방문하면, 처녀는 처녀고 랍비는 랍비다.
그러나 랍비가 처녀를 방문하면, 랍비는 더이상 랍비일 수 없으며
처녀는 처녀일 수 없게 된다.

묘약

"요즘 왠지 제 방귀 소리조차 들을 수가 없습니다. 귀가 어떻게 된 모양입니다."

"그럼 이 약을 하루에 두 알씩 세 번 복용하십시오."

"그럼, 잘 들릴까요?"

"아뇨. 잘 들리지는 않겠지만 방귀 소리가 분명 크게 난다는 건 보증합니다."

보증인

"요즘은 돈이 없어 죽을 지경이네."

"너무 걱정하지 말게. 하나님께서 도와주실 테니까."

"그건 나도 알고 있네. 그럼, 하나님을 보증인으로 세울 테니 자네가 좀 융통을 해주겠나?"

보건소

세계 각지에서 이스라엘로 유대인 이민자들이 계속 몰려들고 있었습니다.

그런데 아시아계 이민자들은 사회복지나 공중위생 같은 제도에 익숙하지 못해서 이주한 후에도 여러 가지 말썽을 부리기 일쑤였습니다. 특히 예멘에서 이민 온 유대인 남자들이 보건소의 설비가 거의 공짜나 다름없다는 걸 알고 매일 찾아와서는 기구를 마구 사용해 파손시키는 바람에 보건소 직원들은 골치가 이만저만 아니었습니다.

그렇게 매일 찾아오던 한 남자가 하루는 모습을 나타내지 않았습니다.

다음 날 핼쑥한 얼굴로 찾아온 그 남자에게 보건소 직원이 이유를 물었습니다.

남자의 대답은 이랬습니다.

"실은 어제 몸이 좀 불편해서요."

천당 1

가톨릭 신부가 유대인을 놀려대고 있었습니다.

"내가 재미있는 이야기를 하나 들려주겠소. 한 유대인이 천당으로 몰래 숨어 들어갔소. 문지기인 페투르스가 나가달라고 했지만, 유대인은 천당 문 뒤에 숨어서 나오려 하질 않았소. 그래서 페투르스는 한 가지 꾀를 생각해냈소. 천당 울타리 밖에서 경매를 알리는 북을 친 거요. 그랬더니 유대인이 허겁지겁 나가더라는군요."

그 말을 듣고 있던 유대인이 웃으며 대꾸했습니다.

"그 이야기는 속편이 있습니다. 유대인이 들어가는 바람에 천당이 더럽혀졌답니다. 그래서 청결 의식을 치르려고 신부님을 찾았죠. 그런데 천당에는 신부가 단 한 명도 없더랍니다."

천당 2

기차 안에서 유대교 랍비와 그리스도교 목사가 대화를 나누고 있었습니다.

먼저 목사가 엄숙한 표정으로 말했습니다.

"어젯밤 유대교의 천당이란 걸 꿈에서 보았는데, 어쩐지 지저분해서 마음에 들지 않더군요. 유대인들만 잔뜩 우글거리고 있지를 않겠소."

그러자 랍비가 대꾸했습니다.

"실은 나도 어젯밤 꿈에 그리스도교의 천당을 보았습니다. 아주 훌륭하더군요. 꽃이 만발하고 온통 향기로 가득 차 있지 뭡니까. 그런데 아무리 눈을 크게 뜨고 보아도 사람은 그림자도 찾아볼 수 없더군요."

유대인의 계산법

러시아 사람 이반이 술이 먹고 싶어 이웃 사는 유대인에게 1루블을 빌리려고 했습니다. 유대인은 내년 봄에 원금을 돌려주되 이자를 쳐서 2루블을 받겠다고 했습니다. 그리고 그 담보로 이반의 도끼를 맡기라고 했습니다. 그렇게 하기로 하고 이반이 돌아가려 하자 유대인이 그를 불러 세웠습니다.

"잠깐. 금방 생각났는데, 내년 봄에 2루블을 갚으려면 벅찰 것이오. 그러니 미리 반이라도 갚아두는 게 어떻겠소?"

이반은 그도 그럴 듯하다는 생각이 들어 1루블을 유대인에게 갚았습니다.

집으로 가는 길에 이반은 머리가 복잡해졌습니다.

"어째 좀 이상한데. 애써 빌린 1루블은 반을 미리 갚느라 없어졌고…. 게다가 도끼도 빼앗기고 내년 봄에 다시 1루블을 갚아야 한다니…. 그렇다고 그 유대인 말이 틀린 것도 아니고. 그것참 이상하군."

신혼 남자와 병역

한 젊은이가 랍비를 찾아왔습니다.

"랍비님, 성서에는 신혼인 젊은이에게 병역 의무를 강요해서는 안된다고 했는데, 어째서 그런가요?"

"그런 젊은이는 자기 집에서도 전쟁을 치러야 하는 불쌍한 인간이기 때문이지."

전쟁과 경매

이스라엘과 아랍의 전쟁이 한창일 때, 이티크 이병이 척후부대에 배속되었습니다.

이티크 이병은 나무 뒤에 숨어서 적의 포대를 정찰하고 있었습니다.

"1000, 1100, 1200…."

적의 관측병이 거리를 측정하는 소릴 듣고 이티크 이병은 헐레벌떡 뛰어와 보고했습니다.

"전쟁은 끝났습니다. 적군이 전쟁을 포기하고 대포를 경매 붙이고 있습니다."

지옥

한때 이스라엘은 국제수지가 나빠 관광 수입을 매우 중시했습니다.
한 유대인이 죽자 천당과 지옥 중 어느 쪽이 좋을까 하고 잠깐 천당을 들여다보았습니다.

그런데 천당은 유대교 사원과 마찬가지로 질서정연하고 엄숙해서 별로 재미가 있을 것 같지 않았습니다.

그러면 지옥은 어떨까 하고 엿보니, 몹시 화려하고 재미있을 것 같았습니다.

유대인은 지옥에 가서 살기로 결심하고, 지옥에 들어가는 허가를 받았습니다.

그런데 이마에 뿔이 돋친 악마가 그를 산적처럼 꼬챙이에 꿰려고 하는 것이었습니다.

깜짝 놀란 유대인이 이야기가 다르지 않느냐고 항의하자 악마가 말했습니다.

"저번엔 관광 비자로 왔으니 그랬지."

Talmud 183

상부상조

한 병사가 적의 경기관총을 노획한 전공을 세워 40일간의 휴가를 받았습니다.

고향에서는 모두들 그의 무용을 칭찬했습니다.

칭찬을 들은 병사가 멋쩍은 듯이 말했습니다.

"그리 대단한 일은 아닙니다. 휴가를 얻고 싶으면 다들 아랍 병사와 기관총을 교환하니까요."

광고

전쟁 때문에 정부에서 물가를 통제하고 있음에도 불구, 유대인 멘데르는 오리 한 마리에 2백 크로네라는 비싼 값을 받아 폭리를 취하고 있었습니다. 이웃집 남자가 그 흉내를 낸답시고 신문에 광고를 냈더니, 손님이 오기 전에 경찰이 먼저 찾아와 오리를 전부 압수해 가고 말았습니다. 남자는 탄식하며 멘데르를 찾아갔습니다.

"멘데르 씨, 당신은 어떻게 오리를 압수당하지 않고 장사를 할 수 있는 겁니까?"

"광고를 어떻게 냈습니까?"

"그냥 오리 한 마리에 2백 크로네씩 팔겠다고 냈지요."

"그런 바보 같은 짓이 어디 있습니까? 나처럼 해야죠."

남자는 멘데르의 충고를 받아들여 이런 광고를 냈습니다.

'지난 일요일 아침, 교회 광장에서 2백 크로네를 분실했습니다. 찾아주시는 분께는 사례로 오리 한 마리를 드리겠습니다.'

다음날부터 사람들이 2백 크로네를 가지고 모여들기 시작했습니다.

아들의 재능

한 아버지가 아들의 교육을 위해 유대교 선생을 가정교사로 모셨습니다.

하루는 아버지가 공부방을 살짝 들여다보았습니다.

그랬더니 선생이 아들에게 어버이가 죽었을 때 외우는 장례식 경문을 가르치는 것이었습니다.

놀란 아버지가 말했습니다.

"선생님, 나는 아직 젊고 팔팔합니다. 그래서 죽을 때가 멀었습니다."

그러자 선생이 대답했습니다.

"그건 걱정하지 않으셔도 됩니다. 이 아이가 경문을 전부 외울 무렵이면 당신은 백 살이 넘을 테니까요."

해석

어느 마을에 매춘부가 들어와 살게 되었습니다. 그런데 공교롭게 도 매춘부의 집이 가톨릭 수녀원 건너편에 있었습니다.

수녀들도 여자인지라 호기심이 생기는 건 어쩔 수가 없었습니다. 수녀들은 매일매일 건너편 집을 엿보는 걸 낙으로 삼았습니다.

그러던 어느 날, 한 그리스도교 목사가 주위를 살피면서 매춘부의 집에 들어가는 것이었습니다. 그걸 본 수녀들은 격분했습니다.

"저럴 수가! 겉으론 순결을 외치면서 남모르게 저런 짓을 하다니!" 며칠 후, 이번엔 유대교 랍비가 매춘부의 집으로 들어가는 것을 발견했습니다.

"유대인은 그리스도를 십자가에 못 박은 잔인한 사람들이야. 랍비 라고 별수 있겠어?"

또 며칠 후, 이번엔 가톨릭 신부가 목격되었습니다. 그러자 수녀 들은 입을 모아 말했습니다.

"아마, 저 집에서 매춘부가 죽은 모양이야."

스탈린의 유해

스탈린의 유해를 소비에트연방에 안치하는 것을 못마땅하게 여긴 흐루시초프가 고심 끝에 프랑스 대통령 드골에게 부탁하기로 했습니다.

"나폴레옹의 묘가 있는 앵발리드를 사용하게 해주시오."

하지만 드골은 앵발리드는 영웅들만을 모시는 묘지라며 거절했습니다.

그래서 워싱턴으로 전화를 걸어 알링턴 국립묘지에 묻어달라고 부탁했습니다.

하지만 다른 사람은 몰라도 스탈린만은 안 된다는 대답이 돌아왔습니다.

이번엔 영국에 부탁했지만 웨스트민스터 사원은 영국의 영웅만을 모신다며 마찬가지 대답을 해왔습니다.

흐루시초프는 다시 고심 끝에 이스라엘에 부탁해보았습니다.

그랬더니 뜻밖에도 스탈린의 시신을 인수하겠다는 회신이 날라왔습니다.

그런데 그 회신 끝에 이런 글이 덧붙여 있었습니다.

"신뢰할 수 있는 국제 통계에 의하면, 성스러운 이스라엘에서 부활할 확률이 세계에서 가장 높다는 것을 미리 알아주시기를 바랍니다."

흐루시초프는 스탈린이 부활하는 게 무엇보다 두려웠습니다. 그래서 스탈린의 유해는 지금까지 소비에트연방에 그대로 묻혀 있다고 합니다.

명분

미국의 어느 시골에 있는 교회가 시설이 너무 낡아 수리를 하게 되었습니다.

그 비용을 충당하기 위해 모금 운동을 하는 부인들이 유대인 상점을 찾아갔습니다.

상점 주인은 난감한 듯 머리를 긁적였습니다.

부인들 모두가 자기 상점의 단골손님이었으나 그리스도교의 성전인 교회를 수리하는 데 유대인이 기금을 헌납할 수는 없는 노릇이었기 때문입니다.

숙고 끝에 상점 주인은 아이디어 하나를 떠올렸습니다.

"수리하기 전에 낡은 부분을 헐어야겠죠?"

"물론이죠."

"거기에도 비용이 들 거고요?"

"그럼요."

"그래요? 그럼 그 비용을 제가 부담하지요."

수용소

유대인 사무엘이 여러 해 동안 시베리아 수용소에 갇혀 있다가 겨우 고향으로 돌아오자 친구들이 너도나도 위로의 말을 했습니다.

"그래, 그동안 얼마나 고생이 많았나?"

"고생이랄 것도 없었네. 7시에 일어나 차와 빵으로 식사를 했지만 먹을 만했어. 그다음엔 자동차를 타고 통조림 공장으로 이동해 상표 붙이는 작업을 했지. 12시에는 다시 자동차를 타고 이동해 점심을 먹었는데, 약간 싱겁긴 했어도 먹을 만했네. 그다음엔 낮잠을 조금 자고, 간식 시간이 되면 빵과 커피를 먹었지. 그리고 카드놀이 따위를 하다 보면 저녁 먹을 때가 됐네. 물론 대단한 메뉴는 아니지만. 사람이 욕심부리자면 한이 없는 법 아니겠나? 저녁을 먹고는 다음 날 분량의 담배를 배급받고 TV 보다 10시쯤에 잠을 자고…"

"아니 그게 정말인가? 자네처럼 시베리아 수용소에 있던 아이젠슈타프는 전혀 다른 이야기를 하던데?"

"그럴 수밖에. 그러니 그 녀석은 또다시 시베리아로 돌아간 거야."

콧방귀

제정러시아 시대 때의 일입니다.

랍비가 사형당하기 작전에 처한 한 유대인을 찾아가 말했습니다.

"마지막으로 하나님의 말씀을 당신께 전하러 왔습니다."

그러자 유대인은 콧방귀를 뀌었습니다.

"당신 신세는 지고 싶지 않습니다. 어차피 조금 있으면 당신 두목을 만날 수 있을 테니 말이오."

여관에서

유대인이 히브리어로 기도할 때는 세속적인 이야기로 기도를 중
단시켜서는 안 됩니다.

하지만 어쩔 수 없는 경우엔 손짓으로 의사 표시를 하는 게 허용
됩니다.

또한 다른 종교적인 의무를 수행할 때 역시 도중에 기도를 중단하
는 게 허용됩니다.

밤늦게 어떤 유대인이 여관을 찾아왔습니다.

그런데 방이 꽉 차 둘이서 쓰는 방의 침대 하나만 비어 있을 뿐이
었습니다.

그 방에 이미 들어 있는 손님도 유대인이었는데, 그는 마침 저녁
기도를 드리고 있었습니다.

"실례합니다. 이 방의 침대를 쓰려고 합니다만…"

그러자 먼저 든 손님이 알았다고 고개를 끄덕이더니 기도를 계속

했습니다.

"밖에 나갔다가 밤늦게 돌아와야 할 일이 있는데, 그래도 되겠습니까?"

먼저 든 손님은 그건 곤란하다는 듯 고개를 젓고 계속 기도를 드렸습니다.

"어쩌면 여자 하나를 데리고 올지도 모르는데…"

그러자 먼저 든 손님이 손가락 둘을 펴 보이며 고개를 크게 끄덕였습니다.

변명

한 남자가 헐레벌떡 랍비를 찾아 말했습니다.

"랍비님, 큰일 났습니다. 제 아내가 곧 죽을 것 같아요."

랍비는 잠시 기도한 후 말했습니다.

"걱정하지 않아도 됩니다. 사신(死神)에게서 칼을 빼앗았으니 이제 안심해도 좋습니다."

남자는 매우 기뻐하며 감사하다는 말을 몇 번이나 하고 집으로 돌아갔습니다.

그런데 얼마 후, 남자가 되돌아와서 말했습니다.

"제 아내가 죽었습니다. 랍비님께 기도를 부탁드렸는데도 효과가 없었나 봅니다."

그러자 랍비는 흥분한 어조로 말했습니다.

"못된 녀석 같으니! 칼을 빼앗았더니 맨손으로 목을 졸랐군."

돈벌이

옛날, 그리스도교교로 개종하면 교회에서 약간의 돈을 지급해주던 시절이 있었습니다.

그런데 거주지를 자꾸 바꾸고 그때마다 그리스도교로 개종하여 돈을 버는 유대인들이 적지 않아 그 제도는 이내 폐지되고 말았습니다.

그러자 어느 가난한 유대인이 탄식하며 말했습니다.

"여러분, 유대 민족은 세상 어디에서도 박해받을 운명에 처해 있습니다. 단 하나 남은 약간의 돈벌이 수단까지 빼앗기고 말았으니까요."

자업자득

징병 검사를 받게 된 슈무르가 친구인 모세에게 물었습니다.

"불합격되는 수가 없을까?"

"이를 몽땅 빼버리면 어떨까?"

마침내 슈무르는 이를 몽땅 뽑아버리고 말았습니다.

그런데 며칠 후, 슈무르가 모세에게 화를 내는 것이었습니다.

"너 때문에 죽을 고생만 했잖아!"

"하지만 불합격은 됐겠지?"

"그야 물론이지. 하지만 그 이유는 평발 때문이었어."

어머니

유대 교회의 어린 수도자는 죽은 사람의 기일을 기록해두었다가, 기일이 가까워지면 유족에게 알려서 보수를 받는 과외 수입이 많았습니다.

한 번은 어느 벼락부자에게 그 부친의 기일을 알려주었더니 뜻밖에도 많은 보수를 주었습니다. 그 부자는 돈벌이에 바쁠 뿐만 아니라 배운 것도 별로 없어 무식했습니다. 어린 수도자는 시간이 지난 뒤 다시 가짜 기일을 알려주더라도 의심 없이 많은 보수를 줄 거라고 생각했습니다. 그래서 몇 달 후, 그 부자를 찾아가 부친의 가짜 기일을 알려주자 또다시 많은 보수를 주었습니다.

욕심이 생긴 어린 수도자는 그 부자의 어머니 기일도 똑같이 이용해 먹기로 했습니다. 하지만 두 번째 가짜 기일을 연락받은 벼락부자가 버럭 화를 내며 말하는 것이었습니다.

"이 사기꾼아, 아버지는 몇 명이라도 있을 수 있지만, 어머니는 한 명밖에 있을 수 없는 법이다!"

웨이트리스

어느 레스토랑을 찾아온 손님이 주방장에게 물었습니다.

"전에 일하던 금발머리 귀여운 아가씨는 그만둔 모양이군?"

"어떻게 아셨죠?"

"오늘 수프엔 금발 대신 검은 머리카락이 빠져 있거든."

건망증

안식일 아침에 세 명의 신학생이 담배를 피우고 있었습니다.

창문으로 그 장면을 목격한 랍비가 꾸중을 하자 세 사람이 잘못을 빌기 시작했습니다.

첫 번째 학생이 말했습니다.

"선생님, 면목이 없습니다. 오늘이 안식이라는 걸 깜박 잊고 있었습니다."

두 번째 학생이 말했습니다.

"잘못했습니다, 선생님. 안식일엔 금연을 해야 한다는 사실을 잠시 잊고…."

세 번째 학생이 말했습니다.

"죄송합니다. 커튼 내리는 걸 그만 깜박 잊고…."

예비 동작

기차 안에서 유대인과 장교가 마주하고 앉았습니다. 그런데 유대인이 담배 한 개비를 꺼내서 입에 물고는 성냥을 찾아 불을 붙이려 했습니다. 그 순간, 장교가 재빨리 유대인이 물고 있는 담배를 빼앗아 창밖으로 던졌습니다. 유대인이 버럭 화를 냈습니다.

"이게 대체 무슨 짓이오?"

"여기서는 금연이라는 걸 모르시오?"

"아직 불을 붙이지 않았지 않소?"

"예비 동작도 안 되오!"

얼마 후, 장교가 신문을 꺼내 펼치자 이번엔 유대인이 그걸 낚아채 창밖으로 던져버렸습니다. 장교가 버럭 화를 냈습니다.

"이것 봐! 감히 장교한테 무례한 짓을 하다니, 용서하지 않겠어!"

"여기서 배설 행위는 금지되어 있습니다."

"내가 언제 배설 행위를 했단 말이오?"

"예비 동작도 안 된다, 이 말이오."

독차지

한 사나이가 유대 교회에서 기도 중에 큰 소리로 떠들어대고 있었습니다.

"오오, 하나님! 단돈 10실링이라도 좋으니 은혜를 베풀어주십시오. 배고파 우는 아이들에게 빵이라도 사주고 싶습니다. 단돈 10실링이라도 좋으니 부탁입니다, 하나님!"

옆에서 기도를 드리고 있던 돈 많은 유대인이 10실링을 꺼내 사나이에게 주면서 말했습니다.

"내가 10실링을 줄 테니, 제발 하나님께서 그런 데 신경 쓰지 않게 해주시오."

친척

그리스도교 목사가 하늘로 올라가자 천당 입구에 있던 문지기 페투르스가 폴크스바겐을 주면서 말했습니다.

"당신의 선행에 대한 보상이오."

폴크스바겐을 탄 목사는 얼마를 달리다 번쩍이는 미국제 승용차를 모는 가톨릭 신부를 보게 되었습니다. 그래서 페투르스에게 물었습니다.

"저 사람은 나보다 좋은 일을 많이 했습니까?"

"저 사람은 예수님께 많은 재물을 바쳤기 때문에 그 보상을 받은 것이오."

또 달리다 보니 이번엔 유대인 랍비가 롤스로이스를 타고 있는 게 보였습니다. 목사는 격분한 어조로 따졌습니다.

"저 녀석도 예수님께 재물을 바쳤단 말이오?"

그러자 페투르스가 귀엣말로 일러주었습니다.

"조용히 하시오. 저 사람은 예수님의 친척이오."

탈무드 이야기

탈무드는 바빌로니아에서 기원후 500년경 편찬에 착수되었다. 현존하는 것 중 가장 오래된 탈무드는 1334년에 쓴 것이다. 탈무드가 처음으로 인쇄된 해는 1520년, 이탈리아의 베네치아에서였다. 그동안 탈무드는 유대인의 박해와 맞물려 엄청난 고난을 겪었다. 1244년, 파리에 있던 모든 탈무드가 기독교도에 의해 금서로 정해졌고 스물네 대의 짐차에 쌓여 소각되었다. 1263년에는 기독교 대표자와 유대의 대표자가 모인 공개 석상에서 탈무드가 기독교 정신에 어긋나는지를 가리는 논쟁이 전개되었다. 1451년엔 유대인이 탈무드를 읽는 것조차 법령으로 금지되었다. 그리고 1520년, 로마에서는 모든 탈무드를 압수하여 불태워버렸다.

그 뒤 1522년, 1555년, 1559년, 1566년, 1592년, 1597년에도 탈무드는 불타 없어졌다. 특히 1562년에는 교회가 직접 탈무드를 검열하여 그리스도를 비판한 내용이나 비유대인에 대해서 쓴 내용을 삭제하거나 찢어버리기도 했다. 따라서 오늘날 남아 있는 탈무드는 예

전부터 전해오던 완전한 것이 아니다. 근래 들어 탈무드를 마이크로필름에 담는 작업을 할 때 책갈피에서 수백 년간 잃어버렸던 내용이 발견된 적도 있다. 탈무드를 읽을 때 이야기가 연결되지 않는 곳이 있는 것은 모두 이런 이유 때문이다. 전체 내용의 5분의 1에서 6분의 1을 가톨릭교회가 빼버렸다는 게 학계의 정설이다. 이와 같은 짓을 한 사람들은 탈무드를 전혀 읽지 않은 사람들이었다. 탈무드를 모르면 모를수록 탈무드를 싫어했던 것이다. 그러나 현재 탈무드는 여러 나라의 말로 번역되었으며 그에 대한 관심 또한 세계적으로 대단히 높다.

탈무드는 농업, 제사, 여자, 민법과 형법, 사원, 순결과 불순의 총 6부로 나뉘어 있다.

탈무드는 반드시 미시나(Mishina)로 시작한다. 미시나는 유대의 오랜 가르침과 약속이 구전으로 전해진 것이다. 이 미시나를 둘러싼 논의와 토론이 바로 탈무드라고 해도 과언이 아니다. 이 논의와 토론은 반드시 둘로 나누어지는데 하나는 '하라카(Halakah)'라 불리고, 다른 하나는 '하가다(Haggadah)'라고 불린다.

하라카는 '유대적인 생활양식'이라고 번역해야 한다. 인간의 모든 행동을 거룩한 것으로 승화시켜야 한다는 의미다. 제사, 건강, 예술, 식사, 회화, 말, 대인 관계 등 모든 생활을 다스리는 것의 기초는 이 하라카에 있다. 기독교도는 그리스도를 믿음으로써 교인이 되지만 유대인은 다르다. 흔히들 유대인이 세계에서 종교 계율을 가장 엄격하게 지키고 종교에 심취한 사람들이라고 알고 있지만, 특이하게도 유대의 말 중에는 '종교'라는 단어가 없다. 그 까닭은 생활이 곧 종교이므로 특별히 '종교'라는 말을 쓸 필요가 없기 때문이다.

하가다는 탈무드의 3분의 1을 차지한다. 철학, 신학, 역사, 도덕, 시, 속담, 성서 해설, 과학, 의학, 수학, 천문학, 심리학, 형이상학 등 인간이 가진 모든 지혜를 포함하고 있다.

유대인에게 탈무드가 얼마나 중요한 위치를 차지하고 있는가를 이해하지 못하고는 결코 유대 문화를 이해할 수 없다. 원칙적으로, 모든 유대인은 탈무드의 모든 것에 정통하고 탈무드에 담겨 있는 가르침과 탈무드의 이론 같은 짜임새 있는 합리성을 지니지 않으면 안 된다. 그래서 유대인은 날마다 일정 시간을 탈무드를 공부하는 데 할애해야만 한다. 이는 단지 학문으로서만이 아니라 종교적인 의무이기도 하다. 유대인에게 하나님을 공경하고 받드는 일은 '공부'하는 행위이다. 그리고 탈무드를 통해 깨달음과 같은 경지에 도달한다.

이 탈무드에 대한 공부를 담당하는 직업이 바로 랍비이다.
일찍이 로마인이 유대인을 지배할 무렵, 유대인을 멸망시키려고 여러 가지 방법을 동원하여 탄압했다. 어떤 때는 유대인 학교를 폐쇄시켰고, 예배를 금지하고, 책을 소각시키고, 여러 축일을 금지하고, 랍비 교육도 금한 적이 있다. 유대인으로서 랍비에 임명되거나 임명한 자는 모두 사형에 처하고, 그런 일이 일어난 도시나 마을을 전멸시키겠다고 포고한 적도 있다. 유대 사회에서 랍비는 정신적 지도자이고 변호사이며 의사이고 유대인의 모든 권위를 대표하는 존재이다. 로마인도 그것을 알고 그와 같은 조치를 했던 것이다. 한번은 어떤 랍비가 로마인의 책략을 간파하고 그가 가장 사랑하는 제자 5명을 데리고 도시를 빠져나갔다. 황무지로 간 그는 그곳에서 5명의 제자를 랍비로 임명하였다. 만약 거기서 붙잡혀 사형되더라도 마을이 불태워지지는 않으리라 생각해서였다. 그런데 그만 로마인들에게 들키고 말았다.

제자들이 랍비에게 물었다.

"랍비여, 랍비께선 어떻게 하시겠습니까?"

그러자 랍비는 이렇게 명령했다.

"나는 늙어서 괜찮지만 너희들은 랍비 일을 계속해야 하니 빨리 도망쳐라."

5명의 제자들은 재빨리 달아났다. 늙은 랍비는 붙잡혀서 300번 칼질을 당한 후 숨졌다. 랍비가 유대 사회에서 얼마나 중요한 존재인가를 보여주는 일화이다. ✿

오늘 나무 한 그루를 심는 까닭은

초판 1쇄 인쇄 2021년 10월 20일
초판 1쇄 발행 2021년 10월 25일

엮은이 이현우
펴낸이 이태선
펴낸곳 창작시대사

주소 경기 고양시 일산동구 장백로 20 굿모닝힐 102동 905호
전화 031) 978-5355
팩스 031) 973-5385
이메일 changzak@naver.com
등록번호 제2-1150호 (1991년 4월 9일)

ISBN 978-89-7447-248-1 03190